'Dit hoopvolle boek wijst de weg na
leving.' – Famke Ernst, jeugdzorgwe

'Een absolute aanrader.' – Bert Wagendorp, *de Volkskrant*

'Een heerlijk boek.' – Jeroen Smit, auteur van *Het grote gevecht*

'Een prachtig boek. Het idee dat alleen economen over de economie moeten schrijven, dat moeten we zo snel mogelijk van tafel gooien. Want economie gaat over de maatschappij en observeren van wat je ziet. En daar is dit boek een heel mooi voorbeeld van. (…) Als je dit boek goed leest, als je het zonder vooringenomenheid leest, is het een objectieve analyse van het speelveld.' – Arnoud Boot, hoogleraar financiële markten

'Heijne en Noten laten zien dat onze economie al ver voor de coronacrisis ontspoorde.' – *Het Financieele Dagblad*

'De Piketty-sterren van Nederland hebben gesproken.' – Zakaria Boufangacha, FNV

'Ideaal voor de lezer die wél wat meer wil weten over de ongelijke verdeling van productiestijging, maar duizend bladzijden Piketty wat te gek vindt worden.' – Elly Stroo Cloeck, Managementboek.nl

'Ik moet dat lezen.' – Emile Roemer

'Dit is het onderwerp voor de komende verkiezingen.' – Kees Boonman, politiek commentator *Nieuwsweekend*

'Een aanrader.' – Giovanca Ostiana, presentator *Op1*

'Het is tijd voor al die politici om dit boek te lezen.' – Tijs van den Brink, presentator *Op1*

Van Sander Heijne verscheen eerder

Er zijn nog 17 miljoen wachtenden voor u

Sander Heijne &
Hendrik Noten

Fantoomgroei

Waarom we steeds harder werken voor steeds minder

Uitgeverij Atlas Contact
Amsterdam/Antwerpen

Eerste druk, juni 2020
Tweede druk, juni 2020
Derde druk, juni 2020
Vierde druk, juni 2020
Vijfde druk, oktober 2020

© 2020 Sander Heijne & Hendrik Noten
Uitgeverij Atlas Contact
Omslagontwerp Moker Ontwerp
Foto auteurs Fjodor Buis
Ontwerp typografie binnenwerk Wim ten Brinke
Drukkerij Wilco

ISBN 978 90 470 1324 2
D/2020/0108/713
NUR 320, 740, 780

www.atlascontact.nl
www.fantoomgroei.nl

Dit boek is een zoektocht naar een nieuw verhaal over een economie voor een andere, betere wereld. En als we die wereld kunnen schetsen, willen we haar ook realiseren. Dat, en niets minder, is de ambitie van deze vertelling.

Sander Heijne en Hendrik Noten

Inhoud

Proloog 9

I Fantoomgroei
1 Dubbeltjes worden stuivers 23
2 Collectieven die steden bouwen 47

II De stille revolutie
3 De hogepriester van de Nederlandse economie 91
4 De geboorte van economische groei 115
5 Glorieuze jaren 133

III Een nieuw verhaal
6 Wat is de economie? 157
7 Voorbij fantoomgroei 179
8 Een nieuw verhaal 195
9 Pioniers van een nieuw verhaal 205

Epiloog 225
Dankwoord 227
Noten 230

Proloog

Het is een zonnige lentedag in 2018 als wij ons in een café in Amsterdam-Oost over een onderzoek van economen van RaboResearch buigen. Wij weten dan nog niets over de economische malaise die ons in het voorjaar van 2020 wacht, door de wereldwijde coronapandemie. Maar zelfs dan, op het hoogtepunt van de economische hoogconjunctuur van die dagen, zien we in het onderzoek bevestigd dat er iets fundamenteels schort aan onze economie. De economen van de Rabobank hebben namelijk becijferd dat de Nederlandse economie de afgelopen veertig jaar met tientallen procenten is gegroeid, maar dat de reële gezinsinkomens in diezelfde periode vrijwel niet zijn gestegen.[1] Wie wel van al die economische groei heeft geprofiteerd? Bedrijven, topbestuurders en hun aandeelhouders. Zij hebben hun bonussen en dividenden in diezelfde periode zien exploderen.

Wij, Sander en Hendrik, kennen elkaar dan nog nauwelijks, maar onze verontwaardiging over dit ene simpele grafiekje verbindt ons onmiddellijk. Hoe is het in hemelsnaam mogelijk dat we de enorme economische groei die we sinds 1982 als samenleving hebben gecreëerd zo ongelijk verdelen? Waarom accepteren we dit? En wat zegt dit over onze samenleving?

De economen van de Rabobank roepen op tot meer

onderzoek naar de oorzaken van de achterblijvende loonontwikkeling, want ze kunnen deze vanuit de gangbare modellen over hoe economieën zich ontwikkelen niet goed verklaren. We hebben op dat moment nog geen idee wat we ons op de hals halen, maar als we het café verlaten, beloven we elkaar één ding. We gaan dit tot op de bodem uitzoeken.

Het hol van de leeuw

Ik (Hendrik) ben bestuurskundige en werk dan al enige jaren als beleidsmedewerker in de Malietoren bij de Algemene Werkgeversvereniging Nederland (AWVN). Wie over de A12 Den Haag binnenrijdt, moet letterlijk onder deze toren van staal en glas door, als ware het een kolossale poortwachter voor eenieder die een bezoek aan de residentie wil brengen. De vele etages zijn zoals elk Nederlands kantoor: veel grijs, lawaaiige kantoortuinen en matige koffie.

Daar, op het hoofdkwartier van de Nederlandse werkgeverslobby, weet ik mij omringd door collega's die grossieren in hun eigen ideeën over hoe Nederland eruit zou moeten zien. Ze vinden, net als vele anderen, dat de wereld eerlijker en duurzamer moet zijn. Maar als het erop aankomt, beschikken zij (en ik) tot mijn grote frustratie niet over ideeën om zo'n wereld dichterbij te brengen. Sterker nog, het systeem duwt ons de andere kant op.

Zoveel werd nog eens duidelijk toen het kabinet-Rutte III tijdens de kabinetsformatie van 2017 schijnbaar uit het niets besloot om de dividendbelasting te schrappen. Hoewel de maatregel in geen enkel verkiezingsprogramma had gestaan, presenteerde de premier dit cadeau van 1,4 miljard euro aan met name buitenlandse aandeelhouders als een absolute voorwaarde om te voorkomen dat grote bedrijven als Shell en Unilever Nederland zouden verlaten.[2] Als de oppositie zich een jaar later bij de behandeling van het wetsvoorstel in de Tweede Kamer massaal tegen de afschaffing van de dividendbelasting keert, besluit de Malietoren op de bres te springen voor het kabinet. Hans de Boer, voorzitter van bedrijfslevenbelangenbehartiger VNO-NCW, begint in talkshows het offensief, waardoor hij en zijn medewerkers worden meegetrokken in de publieke verontwaardiging. Alhoewel AWVN slechts een van de vele verdiepingen bezet en weinig met het onderwerp van doen heeft, bevinden wij ons wel in het oog van de mediastorm over de dividendbelasting.

Midden in deze periode sta ik te praten met een aantal medewerkers van de verschillende verenigingen. We hebben net een veel te lange bijeenkomst achter de rug en iedereen moet een beetje stoom afblazen. Het d-woord valt. Er is bij mijn gesprekspartners onbegrip over de maatschappelijke woede rond de dividendbelasting. Afschaffing is nou eenmaal logisch. Dan hoor ik een nieuwe term: 'Het punt is dat wij economisch vaak gelijk hebben, maar dat wel moeten kunnen uitleggen.' Ik vind het een heel vreemde redenering, maar op dat moment kan ik nog niet onder woorden brengen waarom. In de dagen die volgen besluit ik wat grafieken over de Nederlandse arbeidsmarkt te verzamelen, en ze voor te leggen aan een journalist die ik heb ontmoet op een bijeenkomst over de toekomst van de Nederlandse polder.

PROLOOG

Hobbyvak

De ontmoeting met Hendrik kan voor mij (Sander) niet op een slechter moment plaatsvinden. In het voorjaar van 2018 toer ik in de avonduren langs zaaltjes in het land om mijn boek *Er zijn nog 17 miljoen wachtenden voor u* te promoten. In dat boek zette ik nog één keer op een rij wat zeven jaar economische onderzoeksjournalistiek voor *de Volkskrant* en *de Correspondent* mij heeft geleerd over fundamentele problemen van de marktwerking in de publieke sector. Het was bedoeld als afsluiting van mijn journalistieke carrière, om ruimte te maken voor uitbreiding van mijn bedrijf. De reden van deze ommezwaai? Journalistiek is een prachtig en belangrijk vak, en ik heb het werk altijd met veel plezier gedaan. Maar wie denkt dat je van een baan bij een krant tegenwoordig nog redelijkerwijs een gezin kunt onderhouden, komt bedrogen uit.

Als Hendrik mij dus in het voorjaar van 2018 probeert te overtuigen om aan een nieuw journalistiek boek te beginnen, ben ik verre van enthousiast. Maar Hendrik houdt vol. 'Kijk nou naar die grafieken,' zegt hij gebiedend. In twee simpele lijnen zie ik alles weerspiegeld wat mij is gaan tegenstaan aan de krant. Want vergis je niet, het feit dat verslaggevers zich elke dag voor steeds minder geld een slag in de rondte werken – ook in de avonduren, tijdens de weekenden en op feestdagen – betekent niet dat er met kranten geen geld wordt verdiend. Het moederbedrijf van *de Volkskrant*, uitgever DPG Media (voorheen De Persgroep), heeft in 2018 op een omzet van 1,6 miljard euro maar liefst 174 miljoen euro winst geboekt.[3] Dus laat ik hier maar gewoon zeggen waar het op staat: ik was er wel een beetje klaar mee om elke maand rood te staan, terwijl ik ondertussen wel dag en nacht in touw was voor een steenrijke uitgeversfamilie.

Terwijl ik de grafieken op mij in laat werken, maakt zich een mix van adrenaline en verontwaardiging van mij meester, waar ik in mijn werk voor de krant zo lang door ben gedreven. Dat DPG binnen de journalistiek niet uitzonderlijk is, wist ik al jaren. Maar de grafieken van de bank leren mij dat de journalistieke sector in dit opzicht helemaal niet uitzonderlijk is. Het merendeel van werkend Nederland blijkt persoonlijk niet of nauwelijks te profiteren van de economische groei die we samen creëren. En in veel buitenlanden is de scheefgroei zo nodig nog extremer. Voor de vorm sputter ik nog wat tegen, maar instinctief heb ik allang een besluit genomen. Ik wil weten waar de scheefgroei vandaan komt, waarom we deze accepteren en wat we ertegen zouden kunnen doen. We moeten deze kwestie aan de kaak stellen. Mijn afscheid van de journalistiek moet nog even wachten.

Bijval vanuit het Torentje

We zijn een goed jaar bezig als de urgentie van ons onderzoek wordt bevestigd door de machtigste man van het land. Op een partijfestival van de VVD spreekt premier Mark Rutte de werkgevers op ongekend scherpe toon aan op het uitblijven van noemenswaardige loonsverhogingen. 'Er is iets aan de hand wat mij absoluut niet bevalt,' aldus de premier in de zomer van 2019. 'De winsten in de grote ondernemingen klotsen tegen de plinten op,' vervolgt hij. Maar tot zijn eigen ontsteltenis blijkt werkend Nederland helemaal niet te profiteren van al die weelde. 'Het enige wat echt stijgt binnen die ondernemingen zijn de salarissen van de topmannen,' aldus Rutte. 'Niet de cao's. Die gaan onvoldoende omhoog. Ik vind dat niet acceptabel.'

De kritiek van de premier op de werkgevers komt voor vriend en vijand als een verrassing. Rutte heeft altijd een betrekkelijk overzichtelijke taakopvatting gehanteerd voor zijn kabinetten; zolang de economie groeit, gaat het goed met het land. In zijn speech op het partijfestival legt hij dit uit. De premier spreekt over 'een ongeschreven afspraak' die in Nederland sinds de Tweede Wereldoorlog zou bestaan, dat 'als het met de grote bedrijven goed gaat, het goed gaat met het personeel'.[4]

We zijn op dat moment al ver genoeg in onze zoektocht om Ruttes referentie aan een 'ongeschreven afspraak' op waarde te schatten. Tussen 1945 en 1982 kende Nederland juist een groot aantal wetten en regelingen die werkgevers min of meer dwongen om hun personeel te laten delen in alle welvaart en rijkdom die ze samen creëerden. Pas toen de kabinetten deze wetten vanaf 1982 geleidelijk begonnen te schrappen, is de scheefgroei ingezet. We weten inmiddels ook dat de ongekende economische bloeiperiode die Nederland tussen 1945 en pakweg 1980 heeft doorgemaakt, zich inderdaad heeft vertaald in veel meer welvaart voor alle Nederlanders. De kentering is ingezet na de economische crisis die Nederland tussen 1980 en 1982 in zijn greep hield. Sindsdien profiteren werkenden – een beperkte bubbel van hoogopgeleide geluksvogels daargelaten – steeds minder van onze gezamenlijke welvaart.

Tot het voorjaar van 2020 welteverstaan. De wereldwijde uitbraak van het nieuwe coronavirus en de daaropvolgende crisis zijn zo ingrijpend, dat het lijkt alsof we een nieuw keerpunt in de geschiedenis hebben bereikt. Of zoals premier Rutte het zegt: 'Degenen die denken dat de wereld van voor corona terugkeert, leven in een illusie.'[5] Maar we lopen op de zaken vooruit. Om na de crisis te kunnen bouwen aan een gezonde en welvarende samenleving moeten we eerst begrijpen wat er misging.

Een spook waart door Europa

Onze samenleving gaat uit van gelijkheid. Of je rijk, arm, man, vrouw, zwart of wit bent: iedereen heeft een stem. Maar deze belofte van ideële gelijkheid staat in steeds schriller contrast met de sociaaleconomische ongelijkheid die mensen daadwerkelijk zien en voelen. Het ondermijnt de democratische belofte en bedreigt onze samenlevingsvorm met een moreel en ideologisch faillissement. De snelle opmarsen van rechts-populistische bewegingen in Europa en Noord-Amerika zijn wat dat betreft een veeg teken. Tenslotte: een stem op een populist is een afwijzing van het huidige politiek-economische systeem dat geen antwoord meer heeft op wezenlijke problemen die mensen raken of ervaren.

De opkomst van nieuwe populistisch-nationalistische partijen overal ter wereld kent verschillende oorzaken, waarvan de economie er een is. Groeiende ongelijkheid en economische onzekerheid voeden een sfeer waarin mensen hun vertrouwen in de politiek en in hun medemensen verliezen. Het maakt ons vatbaar voor allerlei vijandbeelden.[6] Leg de verkiezingsprogramma's van de grote rechts-populistische bewegingen in Europa en de Verenigde Staten naast elkaar, en je vindt vooral wilde beschuldigingen aan het adres van migranten, de Europese Unie, vermeende linkse elites en – afhankelijk van het land en de partij – moslims en/of Joden. Kortom: populisten wijzen naar zondebokken. Maar in hun partijprogramma's vind je vrijwel niets terug dat wijst op een doordachte analyse en visie om de reële sociaaleconomische problemen die onze samenleving ondermijnen het hoofd te bieden. Integendeel, wie de sociaaleconomische agenda van rechts-populistische partijen onder de loep neemt, ziet vooral maatregelen die de ongelijkheid vergroten. Juist ook binnen wat wordt gepresenteerd als de 'eigen' groep.

Neem Brexit. Het opzeggen van het lidmaatschap van de Europese Unie draagt hoogstwaarschijnlijk niet bij aan een verbetering van de economische positie van de miljoenen ontevreden Britten die voor Brexit hebben gestemd. Deze positie is tenslotte vooral het gevolg van binnenlands beleid in het Verenigd Koninkrijk.[7] In plaats van de welvaart eerlijker te verdelen, zal Brexit er vooral toe leiden dat de Britten straks minder welvaart hebben om te verdelen.[8] Je kunt op je vingers uittellen wie de hardste klappen zullen vangen als het zover is.

Of kijk naar Donald Trump. Met belastingverlagingen voor de rijken heeft Trump de verschillen tussen arm en rijk in de Verenigde Staten groter gemaakt dan ooit.[9] Ondertussen worden de handelsoorlogen van Trump vooral gevoeld door Amerikanen met een smalle beurs. Zij zijn voor hun consumptie afhankelijk van goedkope import van Chinese producten. En dan hebben we het nog niet over alle moeite die Trump deed om miljoenen arme Amerikanen hun publiek gefinancierde betaalbare zorgverzekering af te nemen.

Ook in ons eigen land hebben de rechts-populisten inmiddels een stevige voet aan de grond gekregen. Wilders en Baudet vormen een machtsblok om rekening mee te houden. En net als hun buitenlandse voorbeelden schrijven zij de problemen van de Nederlandse middenklasse toe aan een monsterverbond van migranten, Europese verdragen, vermeende (linkse) elites, wetenschappers, journalisten en ieder ander die kritische kanttekeningen bij hun denken plaatst. Net als in de Verenigde Staten en het Verenigd Koninkrijk slagen de populisten hier er bijzonder goed in om het debat weg te houden van hun economische agenda. Veel liever spreken ze over culturele thema's, en over wie ons welk onrecht zou hebben aangedaan. De peilingen en recente verkiezingsuitslagen bewijzen dat deze tactiek aanslaat. In de periode van september 2018 tot september 2019 schommelden de peilingen van Wilders en Baudet tussen achtentwintig en zesendertig zetels.[10] Dat zijn ongeveer twee tot tweeënhalf miljoen Nederlanders die zich van een hoop dingen afkeren.[11] Dat is tot 24 procent van de mensen die in 2017 hun stem uitbrachten.

Dit laatste percentage is belangrijk. Al langer houden historici en sociale wetenschappers zich bezig met de vraag: hoeveel mensen zijn er nodig voor een revolutie? Tijdschrift *Science* publiceerde in 2018 een onderzoek van hoogleraar

Damon Centola van de Universiteit van Pennsylvania. Centola toonde aan dat een minderheidsgroep van 25 procent in staat is een debat te kantelen, een discours te kapen en zelfs een systeem over te nemen.[12] De gedachte dat daarvoor de helft plus één nodig is, wordt door deze studie weerlegd.

De vraag is hoe dicht onze samenleving het punt is genaderd waarop onbezonnen populisten onze democratie onherstelbare schade kunnen toebrengen. Want vergis je niet. Hoe lachwekkend de standpunten ons soms ook in de oren mogen klinken, in landen als Polen en Hongarije, maar ook in het Verenigd Koninkrijk en de Verenigde Staten, zien we hoe populistische leiders er niet voor terugdeinzen om openlijk te morrelen aan de steunpilaren van onze democratie.

De coronacrisis heeft meer dan eens zichtbaar gemaakt waarom het juist voor rechts-populistische presidenten als Trump of Jair Bolsonaro (Brazilië) zo van belang is om de geloofwaardigheid van pijlers onder de democratie, zoals de pers en de wetenschap, stuk voor stuk te slopen; ze hebben namelijk geen steekhoudend verhaal om de reële problemen waar mensen mee worstelen op te lossen. Met hetzelfde fanatisme waarmee ze voor de crisis de klimaatwetenschap attaqueerden, beschouwden beide leiders het coronavirus tot diep in maart 2020 als een onschuldige griep. We kennen de gevolgen: onnodig veel dodelijke slachtoffers onder hun bevolking en miljoenen extra werklozen door de economische crisis die op de pandemie volgt.

PROLOOG

Een ander verhaal

Dit boek is een zoektocht naar een nieuw verhaal voor de economie. Want populisten mogen dan geen steekhoudende plannen hebben om de reële sociaaleconomische problemen waar miljoenen gewone mensen mee kampen de baas te worden, de traditionele middenpartijen hebben dat verhaal vooralsnog evenmin. Zij hebben een samenleving gecreëerd waarin de economische vooruitgang van de afgelopen decennia voor het gros van de werkenden toch bovenal fantoomgroei is gebleken. Niet tastbaar, en onzichtbaar. Een cijfer in de krant, zonder positieve invloed op hun dagelijks leven.

Maar eerst nog dit.

Tijdens het schrijven van dit boek hebben wij onszelf met enige regelmaat de vraag gesteld wie wij zijn om ons met de economie te bemoeien. Wij zijn geen economen, dus wat geeft ons het gezag om ons met dit onderwerp te bemoeien? Het antwoord is simpel: wij zijn burgers. Meer nog dan over economie, gaat *Fantoomgroei* over welvaart en welzijn. Over hoe we onze rijkdom verdelen en wie de zoetste vruchten mag plukken van het werk dat wij dag in dag uit verzetten. Kortom: *Fantoomgroei* gaat over de vraag in wat voor wereld wij willen leven.

I
Fantoomgroei

'On the face of it, shareholder value is
the dumbest idea in the world.'
Jack Welch (1935-2020)

1
Dubbeltjes worden stuivers

Het is op een warme voorjaarsdag in 2010 als ik (Sander) voor het eerst word geconfronteerd met armoede in eigen land. Ik werk dan net drie weken voor *de Volkskrant*, en ik ga voor een reportage over de gevolgen van de vorige crisis naar Amsterdam-Noord. Terwijl ik door de stad fiets, zie ik hoe de terrassen aan de centrumzijde van het IJ uitpuilen. Het water zelf is in bezit genomen door een ware armada aan luxe jachten en sloepen. De pont die de stad met Noord verbindt, baant zich met moeite een weg door alle pleziervaart. Op papier verkeert onze economie op dat moment in crisis, op basis van het straatbeeld in de binnenstad merk ik daar weinig van.

Aan de overkant bevindt zich een andere wereld. De massale trek van hoogopgeleide tweeverdieners over het IJ moet dan nog beginnen. Veel tuintjes in de Vogelbuurt in Amsterdam-Noord liggen vol met puin, de straten zijn bezaaid met zwerfafval. Veel huizen maken een buitengewoon uitgewoonde indruk en schijnbaar doelloos rondzwervende jongeren staren mij priemend aan. Ik ben net zo goed een vreemde voor de wijk als andersom.

I FANTOOMGROEI

Ik raak in gesprek met een alleenstaande moeder met vier opgroeiende tienerdochters. Het gezin moet het zien te rooien met slechts 700 euro per maand. De rest van het inkomen gaat op aan de schulden van hun vader, die inmiddels de benen heeft genomen. In de afwezigheid van pa wordt ma voor zijn volledige schuld van 19 000 euro aangeslagen. Als de huur en de energierekening zijn betaald, is het maandinkomen zo goed als op. Geld voor kleren of eten hebben ze niet, dat komt van de voedselbank; sporten of muziekles is uitgesloten. De wens van een van de dochters? Een keertje picknicken met het gezin in het park. Als ik een van de dochters vraag wat ze later wil worden, krijg ik een ontwijkend antwoord. Het is alsof ze zich zelfs geen droom kan permitteren.[1]

Na afloop van het bezoek ben ik ronduit ontdaan. Niet alleen heeft het een eerste barst geslagen in mijn beeld van Nederland als een egalitaire, sociale natie waarin armoede praktisch is uitgebannen; ik ben bovendien ronduit geschokt hoe dichtbij deze armoede zich bevindt. De Amsterdamse Vogelbuurt ligt op een kwartier fietsen van mijn toenmalige woning, en toch was het me nooit eerder opgevallen. Blijkbaar leven we in Nederland zo langs elkaar heen dat je, als je in de juiste kringen verkeert, simpelweg nooit arme mensen ontmoet. En als je ze wel tegenkomt, herken je ze niet; anno 2020 gaan armen niet meer gekleed in vodden. Wie zich mag wentelen in de verworvenheden van de gegoede Nederlandse middenklasse, kan zich nauwelijks voorstellen wat het betekent om arm te zijn in Nederland. Armoede in Nederland betekent eten uit blik. Soms koud, omdat het gas is afgesloten. Armoede is je kleden met de afdankertjes van anderen. Niet sporten. Nooit spontaan een ijsje eten. En met de inkomsten uit het bijbaantje van je kind de energierekening betalen. Voor kinderen betekent armoede overgeslagen worden door Sinterklaas – hoe vurig je ook in de goedheiligman gelooft – en geen cadeaus onder de kerstboom. Armoede is ook niet naar verjaardagen gaan, omdat je geen cadeautjes kunt kopen, of je eigen verjaardag niet vieren, omdat boodschappen snel te duur zijn. Het is geen toeval dat juist armen vaak in een sociaal isolement belanden. Temeer daar armoede voor veel mensen ook betekent dat ze nog maar zelden hun eigen wijk of stadsdeel kunnen verlaten. Voor wie geen geld heeft is zelfs het openbaar vervoer of een fiets te duur. En natuurlijk betekent armoede nooit op vakantie gaan. Armoede betekent ook korter leven. Vaker chronisch ziek zijn. Geen bezoek durven brengen aan een medisch specialist, vanwege het verplichte eigen risico. Slapeloze nachten vanwege geldzorgen. Armoede maakt dat je dommere besluiten neemt, zoals te dure spullen kopen op afbetaling, met vaak problematische schulden als gevolg. Uit verschillende onderzoeken is gebleken dat aanhoudende stress over financiën kan leiden tot een daling van je IQ.[2]

Het is slechts te danken aan mijn werk voor de krant dat ik weet wat armoede is. En toch, zelfs met die ervaring op zak ben ik diep geschokt als Hendrik mij de cijfers van de Rabobank laat zien. Ik was in de veronderstelling dat mensen best iets harder hun best kunnen doen om zichzelf op te werken. Nederland is toch een egalitair land? Het is verleidelijk om te denken dat je met uitzonderlijke gevallen van doen hebt, als je armoede recht in de ogen kijkt.

Dat we ver naast de realiteit zitten, realiseren we ons als we ons in het voorjaar van 2018 over de cijfers van RaboResearch buigen; het is niet langer vanzelfsprekend dat iedereen zich met hard werken aan zijn eigen haren uit het moeras kan trekken. Het zijn bovendien niet alleen de lager opgeleiden die afscheid hebben moeten nemen van oude verworvenheden. Studenten krijgen tijdens hun studie veel minder tijd en ruimte om zich te ontplooien dan voorheen. Wie een huis wil kopen, of zelfs huren, is een veel groter deel van het inkomen kwijt dan eerdere generaties. Met alle rijkdom van de wereld zijn we er niet in geslaagd om onze werkdruk te verlagen, onze werkweek verder te verkorten of de pensioenleeftijd te verlagen. En dit alles in een land dat, in ieder geval tot het voorjaar van 2020, rijker is dan ooit tevoren. Door de cijfers worden ons de ogen geopend voor de structurele ongelijkheid die we met elkaar creëren. Enerzijds zijn er geluksvogels die nog volop profiteren van de economische groei. Voor hen is Nederland een buitengewoon gaaf land. Maar de groep landgenoten voor wie dit niet het geval is, is zorgwekkend groot en groeit – ongeacht hoe zuinig ze leven, of hoe hard ze ook werken.

Barsten in het wereldbeeld

De grondige inspectie van de eerdergenoemde economen van de Rabobank toont aan dat het beschikbare inkomen van Nederlandse huishoudens al sinds 1982 nauwelijks is gestegen, terwijl de economie stevig groeide.[3] De economie is zelfs 40 procentpunt uitgelopen op de inkomens van

Nederlandse huishoudens. Simpeler gezegd: alle werkenden samen hebben in vier decennia bijna de helft meer aan waarde gecreëerd. Alleen profiteren ze zelf nauwelijks van al die extra rijkdom.

Niet iedereen herkent zich natuurlijk persoonlijk in de sommen van de Rabobank. Cijfers van het Internationaal Monetair Fonds (IMF) leren ons waarom: de verdeling van onze welvaart tussen de verschillende opleidingsniveaus wordt steeds ongelijker.[4] Werknemers met een universitaire opleiding zagen hun inkomen de afgelopen veertig jaar nog wel stijgen. Bovendien kan het zijn dat je de afgelopen jaren extra loonsverhogingen hebt gekregen, bijvoorbeeld dankzij de periodieke salarisverhoging die je bij goed presteren jaarlijks van je werkgever ontvangt. Je gaat meer verdienen omdat je ouder en ervarener wordt. Maar alle salarissen van alle werknemers samen groeien veel minder hard dan de economie. Voor werknemers die we rekenen tot de middenklasse geldt dit extra sterk. Zij hebben hun inkomensaandeel – het percentage van alle inkomens bij elkaar opgeteld dat voor deze groep beschikbaar is – de afgelopen veertig jaar daadwerkelijk zien krimpen.[5] Zo bezien worden dubbeltjes stuivers.

In de proloog zagen we al hoe onze premier zijn beleid altijd heeft gebaseerd op de aanname dat economische groei zich automatisch vertaalt naar betere lonen en meer welvaart voor de burgerij. Als de economie groeit, zo is de redenering, zal armoede zichzelf oplossen. Het is daarbij voor de premier, zo blijkt uit diens politieke handelen, van cruciaal belang dat de overheid het begrotingstekort beperkt houdt. Ongeacht de situatie in het land. Dit alles leidt tot een betrekkelijk overzichtelijke taakopvatting voor een kabinet. Economische groei moet worden gepromoot. De overheid moet zich beperken tot haar kerntaken. De rest regelt zichzelf dan wel. De publicatie van de bevindingen van RaboResearch in februari 2018 maakt pijnlijk duidelijk dat er iets fundamenteels schort aan de gedachte dat economische groei vanzelf zou leiden tot algemene welvaart.

Maar we zijn toch rijker dan ooit?

De inkomensontwikkeling van Nederlandse huishoudens is ogenschijnlijk slecht. En toch kun je redeneren dat we in veel grotere luxe leven dan de gemiddelde Nederlander in pakweg 1982. Ook aan de onderkant van de arbeidsmarkt. Dankzij de digitale revolutie hebben we via onze laptops en smartphones vrijwel onbeperkt toegang tot informatie. Dankzij de komst van prijsvechters in de luchtvaart zijn vliegvakanties al lang geen privilege meer voor de elite. Globalisering heeft een enorme prijsdaling op gang gebracht van allerhande consumptiegoederen, van kleding tot flatscreentelevisies en computers. De kwaliteit van de medische zorg is ongelooflijk hoog. En bovendien is deze goede zorg in Nederland voor iedereen vrij toegankelijk, zelfs als je geen inkomen hebt. Dit vertaalt zich direct terug in een hogere gemiddelde levensverwachting dan ooit tevoren. We kunnen met gemak nog honderden voorbeelden aanhalen om te betogen dat we, ondanks de matige inkomensontwikkeling, toch vele malen meer welvaart genieten dan in 1982. Hoe hebben we dit bereikt?

Om te beginnen creëren we welvaart steeds vaker op de pof. Vanuit de overheid zijn er soepele regels om je studie en koopwoning te financieren en tegelijkertijd zijn de regels voor consumptieve kredieten versoepeld. Anders dan in de jaren zeventig was het vanaf de jaren negentig niet langer noodzakelijk om vooraf te sparen voor grote uitgaven. Zolang je een inkomen hebt, hoe miniem ook, kun je in Nederland alles op afbetaling krijgen. Van dure vakanties tot smartphones, van flatscreentelevisies tot auto's. Zodoende hebben we ons de afgelopen decennia massaal in de schulden gestoken, zo blijkt uit de cijfers.[6] Nederlandse huishoudens hebben meer schuld dan we per jaar als land verdienen, een slordige 775 miljard. Lang niet al deze schulden zijn problematisch. De totale Nederlandse hypotheekschuld bedraagt 702 miljard euro, in de regel zijn deze schulden gedekt door het eigen huis dat als onderpand dient.[7] Maar evengoed is Nederland een land waarin een op de vijf huishoudens kampt met ernstige betaalachterstanden bij de huisbaas, de zorgverzekeraar, de energieleverancier of het waterbedrijf.[8] Dit zijn schulden waar geen onderpand tegenover staat, en die lastig zijn in te lopen. Dit gold ook voor het gezin dat ik in 2010 in de Vogelbuurt bezocht. Voor hen was een schuld van 19 000 euro onaflosbaar. En zij zijn niet de enigen die een dergelijk bedrag nooit in hun leven zullen kunnen aflossen. Een op de drie Nederlanders tot vijfenveertig jaar heeft minder dan 3000 euro spaargeld, terwijl het NIBUD een buffer van 3400 euro adviseert voor alleenstaanden en 5200 euro voor gezinnen.[9] Al met al is de Nederlandse schuldenberg enorm: geen enkel land in de eurozone heeft huishoudens die zo diep in de schulden zitten.[10]

Een tweede reden dat de koopkracht van Nederlandse huishoudens, ondanks de stagnerende lonen, min of meer op peil is gebleven, is het brede scala van nivelleringsmaatregelen van de overheid. Anders dan in Engeland en de Verenigde Staten probeert de Nederlandse overheid het verlies aan koopkracht van werkenden op peil te houden met een uitgebreid stelsel van toeslagen voor onder meer huur en zorg, en aftrekposten voor bijvoorbeeld de hypotheekrente.

We hadden echter geen idee hoe erg dat stelsel nodig is. Zo heeft een deel van de Nederlandse middenklasse zijn primaire inkomen sinds 2000 met tientallen procenten zien dalen, blijkt uit cijfers van RaboResearch.[11] Daarmee bedoelen we het verdiende geld, voordat de Belastingdienst ermee aan de slag gaat. Het is slechts te danken aan herverdelingsmaatregelen van de overheid dat het bedrag dat deze huishoudens daadwerkelijk maandelijks kunnen besteden slechts met enkele procenten is gedaald. De overheid moet steeds zwaarder ingrijpen om de inkomensverdeling nog enigszins gelijk te houden.

So what, zou je op basis van deze cijfers kunnen denken. Als werknemers niet méér verdienen via hun baas, is het toch prima dat de overheid dit nu regelt? Het probleem is dat een groeiende groep burgers voor primaire levensbehoeften steeds afhankelijker wordt van die overheid en dat onderliggende machtsverhoudingen steeds meer verschuiven. Let wel, over het algemeen hebben we het hier over mensen die gewoon werken maar te weinig verdienen om de eindjes aan elkaar te knopen. Door steeds grotere groepen burgers voor wonen, zorg, huur en pensioen afhankelijk te maken van de overheid en financiële instellingen, maak je ze uiterst kwetsbaar voor bezuinigingen in tijden van crises.

Een uiterst schrijnend, maar ook treffend voorbeeld is de 'fraudejacht' van de Belastingdienst op misbruik van de kinderopvangtoeslag. Ze vorderden soms wel 50 000 euro aan kinderopvangtoeslag terug en zetten onterecht de kinderopvangtoeslagen stop van ten minste honderden Nederlandse gezinnen. Veel ouders zagen zich gedwongen te stoppen met werken. Het ergste van het verhaal is dat de Belastingdienst de ouders op voorhand als schuldigen behandelde en de bewijslast van onschuld bij hen legde. Dat is in strijd met de wet. De overheid wantrouwde de ontvangers van de toeslag, en tot *Trouw* en RTL *Nieuws* deze misstanden aan het licht brachten in de zomer van 2019 was er jarenlang niets dat de onterecht beschuldigde burger hiertegen in kon brengen. Problemen zoals met de kinderopvangtoeslag kunnen alle ontvangers van toeslagen treffen. Bovendien lijkt het geen incident. De Belastingdienst schuttert al jaren met het complexe toeslagensysteem, twee bewindslieden zijn al afgetreden over de kwestie.

Nog even over die stagnerende inkomens. De stelling dat geen volk het ooit beter heeft gehad dan wij nu, gaat voor een aanzienlijk deel van de Nederlanders niet langer op. Meer dan de helft van de dertigers van nu heeft in absolute zin minder te besteden dan hun ouders op die leeftijd.[12] Er zijn twee belangrijke redenen waarom die inkomens stilstaan.

Ten eerste verschuift de verdeling van de waarde die Nederlandse werknemers creëren – en niet ten gunste van de werknemer. De arbeidsinkomensquote (aiq), het cijfer dat de verdeling tussen arbeid en kapitaal aangeeft, daalt sinds de jaren tachtig gestaag. Ooit spraken werkgevers en vakbonden af dat een aiq van 80 procent gezond zou zijn.[13] In dat geval gaat 80 procent van al het geld dat we in Nederland verdienen naar de beloning van werkenden. De afgelopen jaren schommelt deze echter tussen de 72 en 75 procent.[14] Wellicht klinkt dat niet indrukwekkend, maar elk procent minder betekent dat iedere werkende zo'n 700 euro per jaar inlevert. Zo gaat het al snel om duizenden euro's per persoon, per jaar, die werkende mensen mislopen.[15]

We zien deze verschuiving ook terug in de arbeidsproductiviteit. Dat cijfer geeft aan hoeveel waarde een werkende per uur weet te genereren. Wanneer dat cijfer stijgt – bijvoorbeeld doordat werknemers opleidingen volgen of met nieuwe technieken werken – stijgt ook de welvaart. De werknemer creëert in dezelfde tijd namelijk meer waarde. De gedachte was altijd dat werkenden, aangezien zij waarde genereren, hun inkomens met de stijgende productiviteit zouden zien toenemen. Tussen 1945 en pakweg 1995 was dit ook zo, maar sinds het einde van de jaren negentig steeg de productiviteit drie keer zo snel als de beloning van Nederlandse werknemers.[16] Flexwerkers en zzp'ers zagen hun lonen zelfs nog verder achterblijven bij hun toegenomen productiviteit.[17]

Hetzelfde patroon zien we bij de loonafspraken in cao's, gecorrigeerd voor inflatie. Deze zogeheten 'reële cao-loonstijging' was jarenlang relatief laag en in de jaren 2011 tot en met 2014 zelfs negatief.[18] Vakbonden waren in die periode niet in staat loonstijgingen te bedingen die boven de prijsstijging van boodschappen, benzine en huren (oftewel: de inflatie) uit kwamen. Grote groepen werknemers zagen hun inkomen die jaren dus dalen. In 2019 begonnen de afgesproken lonen in cao's weer serieus te stijgen, maar het is de vraag wat er van deze stijging overblijft na de coronacrisis.[19]

Voelt dit als een brij aan cijfers en begrippen? De Rabobank-cijfers zijn vrij duidelijk over de scheefgroei in de Nederlandse economie: de winsten van bedrijven stijgen al jaren en daar betalen werkenden en hun gezinnen de prijs voor.[20] Dit is overigens geen exclusief Nederlands verschijnsel. In grote delen van de westerse wereld bleef de loonontwikkeling de afgelopen jaren achter bij de economische groei.[21] Volgens onderzoekers van de OECD – het samenwerkingsverband van ontwikkelde economieën – hadden de lonen in de aangesloten landen sinds halverwege de jaren negentig zo'n 13 procent hoger moeten liggen, als ze 'gewoon' waren meegestegen met de productiviteit.[22] De ontwikkelingen die de Nederlandse middenklasse langzaam onder druk zetten, doen dat blijkbaar elders ook.[23]

De tweede reden dat inkomens stilstaan, heeft te maken met de belastingen. Na het lezen van het onderzoek van de Rabobank, besloten we er zelf nog wat dieper in te duiken. Zouden de stagnerende lonen bijvoorbeeld via de belastingen worden gecompenseerd? Zou het zo kunnen zijn dat het succes van de bedrijven zich uitbetaalt in de vorm van hogere belastingafdrachten van het bedrijfsleven? Het antwoord was onthutsend.

Eerst konden we onze ogen niet geloven toen we zagen hóé sterk de winsten van het Nederlandse bedrijfsleven precies zijn gestegen. De stagnerende lonen verklaren waarom de bedrijfswinsten zelfs tijdens de kredietcrisis van 2008 en 2009 snel weer opkrabbelden, zoals blijkt uit cijfers van het Centraal Bureau voor de Statistiek.[24] Waar bedrijven in 1995 op iedere gulden die ze aan salaris uitkeerden nog 60 cent winst maakten, is die verhouding nu een-op-een. Tegenover een euro salaris staat nu dus een euro winst. Tegen het eind van 2019 maken Nederlandse bedrijven – hier en in het buitenland opgeteld – net zoveel (bruto) winst als er in totaal aan salarissen in Nederland wordt betaald. Beide bedragen schommelen rond de 290 miljard euro.[25]

Dankzij die winsten gaat het de directies van bedrijven eveneens voor de wind. De beloningen van CEO's zijn ver uitgelopen op de gemiddelde salarissen.[26] Zo verdienden de CEO's van de twintig grootste Nederlandse beursgenoteerde bedrijven drieëntachtig keer zoveel als hun gemiddelde werknemers. Om een indruk te geven van hoe absurd dit is: een topman verdient in drie dagen net zoveel als een gemiddelde werknemer in een heel jaar.[27]

Wie denkt dat de toegenomen winst er ook toe heeft geleid dat bedrijven evenredig meer belasting zijn gaan betalen, komt bedrogen uit. Het aandeel van de vennootschapsbelasting (de belasting die bedrijven afdragen over hun winst) voor de totale Nederlandse belastinginkomsten lag tussen 1995 en 2006 op gemiddeld 9,5 procent, maar zakte in de periode daarna naar gemiddeld 6,5 procent.[28] De lasten op arbeid ontwikkelden zich in tegenovergestelde richting: die stegen. Daar komen de jaarlijkse indirecte belastingen op consumptie nog bij, zoals de btw (60,5 miljard) en accijnzen (12,4 miljard), die uiteindelijk ook voor het merendeel op consumenten worden verhaald.[29] Ook de btw op primaire levensbehoeften, zoals voedsel, is de afgelopen jaren fors gestegen. Van 4 procent in 1984 naar 9 procent nu.[30] Krijg je al een beeld van hoe de verhoudingen binnen de Nederlandse economie de afgelopen decennia zijn verschoven? Dit moet toch anders kunnen? Want door werkenden hun eerlijke aandeel te ontnemen in de waarde die ze zelf creëren, beroof je ze van de vrijheid om zelfstandig in hun eigen levensonderhoud te kunnen voorzien, of om te stoppen met een vervelende baan of zich uit te spreken tegen een oneerlijke verdeling van de winst van een bedrijf.

Moeilijke beslissingen

In aanloop naar de Tweede Kamerverkiezingen van 2017 zette het campagneteam van de VVD in de lijst met '139 redenen waarom Mark Rutte minister-president moet blijven' zijn bezuinigingsbeleid tijdens de kredietcrisis bovenaan. 'In tijden van crisis nam hij de verantwoordelijkheid om moeilijke beslissingen te nemen. Mede daardoor is Nederland nu een van de snelste groeiers van Europa. Ook in banen.'[31] Om de economie te stimuleren, heeft het kabinet tientallen miljarden bezuinigd op de zorg, het onderwijs, de krijgsmacht, de sociale zekerheid, de rechterlijke macht en vele andere publieke diensten en sectoren. Ondertussen zijn de belastingen en accijnzen voor werknemers en consumenten verhoogd.[32]

Al in 2016 becijferde de Algemene Rekenkamer dat het grootste deel van de jarenlange bezuinigingen terecht is gekomen bij huishoudens en de publieke sector.[33] Het bedrijfsleven is grotendeels ontzien. Met als hoogtepunt, of dieptepunt zo je wil, het voorstel in 2017 om de buitenlandse aandeelhouders van onder andere Shell en Unilever een douceurtje van 1,4 miljard euro uit de Nederlandse schatkist te geven door de dividendbelasting af te schaffen. De rechtvaardiging voor al deze maatregelen is steevast dezelfde: 'Een goed vestigingsklimaat is voor Nederland van groot belang, omdat bedrijven – klein en groot – zorgen voor werkgelegenheid en welvaart.'[34] De beste manier om burgers te helpen, zo is de gedachte, is bedrijven ruim baan te geven.[35] Winstgevende bedrijven zouden namelijk banen creëren. En via banen verdelen bedrijven de welvaart over de hardwerkende mannen en vrouwen in Nederland.

Op het eerste gezicht is het beleid van Rutte uiterst effectief geweest. Toen hij in 2010 aantrad, trof hij een land in crisis aan, maar bij het aanbreken van 2020 is de economie alweer ruim gegroeid. Wie de stand van een land uitsluitend afleest aan de ontwikkeling van de economie, zou kunnen concluderen dat Rutte Nederland geweldig uit de kredietcrisis heeft geloodst. Het lijkt de Nederlandse variant op de Amerikaanse Droom; de creatie van een samenleving waarin iedere burger zichzelf uit het moeras omhoog kan werken. Maar als de premier in de zomer van 2019 na bijna tien jaar regeren wat beter naar zijn land kijkt, lijkt hij te schrikken van wat hij ziet. Zelfs op het toppunt van de economische hoogconjunctuur lijken lonen slechts matig te stijgen. En dan moet de coronacrisis nog uitbreken.

Poppenspeler of speelbal

Als je, zoals wij, de luxe hebt om zonder problematische schulden op te groeien in een typisch middenklassengezin, dan is het verleidelijk om te denken dat je bovenal zelf verantwoordelijk bent voor je eigen succes. Je doet je best op school, en later wellicht tijdens een vervolgopleiding. Je zoekt een baan, begint onderop, werkt hard, en bouwt zo aan een comfortabel leven. Ook ik (Sander) had geen cent te maken toen ik begin 2010 op mijn zevenentwintigste de universiteit verliet met twee diploma's op zak. Tijdens mijn studie heb ik fors geleend bij de overheid. Ik maak al tien jaar lang iedere maand een kleine tweehonderd euro over om mijn studieschuld af te lossen. Voor alles wat ik nu bezit heb ik hard moeten werken. En daarmee heb ik mijn positie in de gegoede middenklasse zelf verdiend, toch?

Niet helemaal. Ik heb tien jaar lang keihard gewerkt als journalist, maar ik heb nooit veel overgehouden aan mijn werk. De eerste jaren in dienst van de krant bedroeg mijn netto maandloon amper 1700 euro. Later, als freelancer, heb ik dit weten op te krikken tot een kleine 3000 euro, zij het zonder pensioenopbouw of arbeidsongeschiktheidsverzekering. Zoals geldt voor zoveel beroepsgroepen, had ik op basis van mijn werk als schrijvend journalist nooit de sprong kunnen maken naar de comfortabele kant van de kloof. Dat ik me daar nu toch bevind, dank ik puur en alleen aan de woningmarkt. In de nasleep van de kredietcrisis ben ik begonnen met de bouw van onze huidige woning. Aannemers stonden te springen om werk, bouwen was in die jaren heel betaalbaar. Tegen de tijd dat de woning gereed was, draaide de woningmarkt weer op volle toeren. Niet alleen leverde dat mij op papier direct een fikse overwaarde op onze nieuwe woning op. Dankzij de overwaarde op ons vorige huis, hebben we bovendien een veel lagere hypotheek dan we op voorhand hadden verwacht. Onze woonlasten zijn hierdoor zo laag, dat we simpelweg veel meer geld overhouden voor vakanties, etentjes en zelfs een tweedehands bootje. Maar bijvoorbeeld ook om tijd vrij te maken om het bedrijf op te bouwen waar ik nu het grootste deel van mijn inkomen uit geniet. Je begrijpt dat ik dan ook wat ongemakkelijk begon te draaien op mijn stoel toen Hendrik mij vroeg in hoeverre ik van mening ben dat ik die overwaarde op mijn huis ook heb verdiend. Want als ik eerlijk ben, wat heb ik nu helemaal gedaan voor die centen?

Toen we ons eerste huis kochten in 2010, waren we niet op zoek naar een goede belegging. Ik woonde op een halve woning van vijfentwintig vierkante meter boven de immer rumoerige Albert Cuypmarkt. Het pand kampte met zeer veel achterstallig onderhoud, en onder mij woonde een onbekend aantal Chinezen. Mijn vriendin woonde nog altijd op een studentenkamer van nog geen tien vierkante meter in de Rivierenbuurt. Of we niet bang waren om met een restschuld te eindigen, in de onzekere huizenmarkt van toen? Onze wens om iets groter en royaler te gaan wonen was zo sterk, dat we bereid waren een huis te kopen op een moment dat de huizenprijzen aan het dalen waren. Gelukkig weerhield de economische crisis de gemeente en de lokale middenstand er op datzelfde moment niet van om te investeren in onze nieuwe wijk, Amsterdam-Oost. In 2010 viel er – op een paar bruine cafés na waar de asbakken nooit van de tafel zijn verdwenen – weinig te beleven in de wijk. Maar in de jaren die volgden, streek de ene na de andere trendy lunchroom, bar, restaurant en boetiek neer in de wijk.

De populatie veranderde eveneens. Sociale huurwoningen werden opgeknapt en verkocht aan hoogopgeleide stellen zoals wij. Er kwamen speelcafés, waar jonge ouders kunnen borrelen terwijl het kroost zich vermaakt in de kinderhoek. De wijk werd gaandeweg steeds aantrekkelijker gemaakt voor twintigers en dertigers die het centrum niet meer konden betalen. Ondertussen trok de economie weer aan, en meldden alle kopers die het tijdens de crisis hadden laten afweten zich alsnog op de woningmarkt.

Je ziet dat het onder deze omstandigheden gek is om mij te complimenteren met de overwaarde op mijn woning. De extra waarde op het pand heeft tenslotte geen enkele relatie tot mijn persoonlijke bijdrage aan de samenleving. Het zijn anderen geweest die investeringen hebben gedaan in mijn wijk en in de economie. En ik had mijzelf, onbedoeld, simpelweg in een positie gemanoeuvreerd waarin ik een buitengewoon riant bedrag heb kunnen afromen van de waarde die anderen hebben gecreëerd.

We verwarren winst met waarde

In plaats van de verkoop van een huis, hadden we tal van andere voorbeelden kunnen gebruiken om te illustreren hoe je in onze huidige markteconomie geld kunt verdienen zonder er zelf voor te werken. Wie met een groot vermogen geboren is, kan zijn of haar vermogen vergroten door panden te kopen en deze met winst te verhuren. Wie een bedrijf heeft, kan mensen voor zich laten werken en ze loon uitkeren dat substantieel lager ligt dan de waarde die ze creëren. En wie over voldoende vermogen beschikt kan via handel en speculatie op de beurs astronomische bedragen verdienen aan het werk dat andere mensen leveren. Maar vergis je niet: gratis geld bestaat niet. Gratis welvaart evenmin. Voor iedere euro die je aan je vermogen toevoegt, moet ergens iemand werken. Steeds meer economen plaatsen daarom kritische kanttekeningen bij de uitgangspunten van ons economische beleid, dat gericht is op de promotie van het bedrijfsleven en het verkleinen van de overheid. Een van de vaandeldragers van dit nieuwe economische denken is de Italiaans-Amerikaanse hoogleraar economie Mariana Mazzucato. Zij leert ons dat het niet zozeer relevant is wie geld verdient, maar wie waarde creëert. En waarde creëren kan, aldus Mazzucato, alleen collectief.[36]

Stel, we willen een onderneming beginnen. Wat is daar allemaal voor nodig? Natuurlijk een goed idee. Vernuft, creativiteit, ondernemingszin en doorzettingsvermogen. Allemaal waarden die we associëren met topondernemers als Steve Jobs, Richard Branson, Elon Musk of, in eigen land, John de Mol. Maar dan zijn we er nog niet. We hebben ook wegen nodig om onze spullen te vervoeren. We willen zeker weten dat onze transporten niet worden overvallen, dat niemand op een dag onze panden zomaar kan overnemen. We willen goed opgeleide mensen die het liefst ook nog gezond zijn. Bovendien is het fijn als zij ook tijd hebben om te werken en niet de hele dag voor hun bejaarde ouders of opgroeiende kinderen hoeven te zorgen. Waarschijnlijk gaan we computers en het internet gebruiken. En mochten we een uniek idee hebben, dan willen we daar patent op kunnen aanvragen. Als we mensen moeten ontslaan, is het bovendien prettig dat er een vangnet bestaat.

Stel je voor dat je een bedrijf zou beginnen op een plek waar aan geen van deze voorwaarden is voldaan. Het is geen toeval dat de lijst van vitale beroepen die het kabinet heeft gepubliceerd bij het uitbreken van de COVID-19-pandemie naast medewerkers uit de voedselsector en de media vrijwel uitsluitend beroepen uit de publieke sector betreft. Van leraren en zorgmedewerkers tot vuilnismannen, politieagenten, militairen, een groot aantal ambtenaren en OV-personeel. Zonder hun inzet zou iedere vorm van economische ontwikkeling nagenoeg onmogelijk zijn. Vandaar dat je alleen collectief waarde kunt creëren.

Nederland scoort over het algemeen ontzettend hoog op economische ranglijstjes. Bijvoorbeeld op de Global Competitive Index van het World Economic Forum, die landen rangschikt naar hun concurrentievermogen. Het zijn noteringen waar bewindslieden graag mee schermen. Belangrijke redenen voor die sterke concurrentiepositie zijn onze goed opgeleide beroepsbevolking, uitstekende infrastructuur en stabiele rechtstatelijke instituties. Toevallig allemaal waarden die worden gecreëerd door… de overheid, via de publieke sector. En daar zit meteen de crux. Zoals ik mijn persoonlijke welvaartssprong goeddeels heb te danken aan de investeringen van de gemeente in mijn wijk en van lokale ondernemers in de horeca, danken bedrijven hun torenhoge winsten aan de collectieve investeringen die wij – alle werkenden samen – de afgelopen decennia hebben gedaan in de publieke sector.

Zo bezien is het dus uiterst merkwaardig om te moeten constateren dat de winstgevendheid van bedrijven toeneemt, terwijl hun belastingafdracht daalt. Het is nog vreemder om te moeten constateren dat in de jaren na de kredietcrisis de overheid tientallen miljarden heeft bezuinigd op de publieke sector, en het bedrijfsleven grotendeels heeft ontzien. Het feit dat de publieke sector an sich geen geld verdient, betekent namelijk niet dat zij geen waarde creëert. Sterker nog, een groot deel van haar waarde is noodzakelijk voor een succesvol bedrijfsleven. Winsten en welvaart zijn geen cadeautjes die vanuit de hoofdkantoren van grote bedrijven op ons neerregenen, ze zijn het resultaat van een gezamenlijke inzet. Die gezamenlijke inzet heeft echter geresulteerd in grote bezuinigingen in de publieke sector, met een daling in de welvaart tot gevolg. Zoveel valt op te maken uit stukken die de Algemene Rekenkamer in het voorjaar van 2019 publiceerde. De Rekenkamer stelde dat jarenlange bezuinigingen op de publieke sector tot grote schade hebben geleid waarvan een deel nu pas zichtbaar wordt. Beloftes over efficiëntie, ICT-vernieuwing en 'meer doen met minder' bleken slechts managementtaal zonder enige correlatie met de realiteit. En ook al heeft de overheid besloten om de uitgaven weer op te schroeven, het blijkt moeilijk om de opgelopen achterstand in te halen.[37]

Het lerarentekort in het primair onderwijs is zo hoog opgelopen dat de eerste scholen hun deuren al hebben moeten sluiten vanwege gebrek aan personeel. Andere scholen zetten onbevoegden voor de klas, experimenteren met vierdaagse lesweken of overwegen het curriculum voortaan te beperken tot de meest elementaire vakken als lezen, schrijven en rekenen. Uit pure armoede gaan er inmiddels stemmen op om kinderen pas vanaf hun vijfde naar school te sturen. En dit alles in een land waar kennis de belangrijkste grondstof is voor de economie.

Of neem de politie. Amsterdam heeft bij gebrek aan mankracht de speciale eenheid belast met de aanpak van zware misdaad uitgekleed, terwijl de onderwereld zich onderhand zo onaantastbaar waant dat zelfs advocaten en curatoren hun leven niet meer zeker zijn. De rechterlijke macht loopt eveneens op haar laatste benen. Rechters werken wekelijks structureel tien tot twintig uur over, terwijl de sociale advocatuur praktisch failliet is. Ondertussen groeien de wachtlijsten bij de rechtbanken gestaag.

Bij Defensie is de toestand al niet veel beter. Nadat ze tijdens de crisis hun tanks moesten inleveren, hebben de mannen en vrouwen die belast zijn met de verdediging van ons land de afgelopen jaren schrikbarend vaak pief-paf-poef moeten roepen tijdens militaire oefeningen, omdat er geen geld was voor munitie. Ondertussen experimenteert de marechaussee bij gebrek aan mankracht met burgervrijwilligers voor paspoortcontroles op Schiphol.

Bij de politie en in de zorg staan nieuwe mensen minder snel klaar dan de oude garde met pensioen gaat. Minister Hugo de Jonge van Volksgezondheid vroeg oud-medewerkers via een brief zelfs terug te komen naar de zorgsector.

Achterstallig onderhoud van bruggen en snelwegen leidt tot dure hersteloperaties en zelfs afsluitingen, zoals bij de Merwedebrug. Of de bruggen en kades in de Amsterdamse binnenstad, die naast historische ook grote commerciële waarde vertegenwoordigen voor de toeristenindustrie.

Het meest pijnlijk aan deze situatie is dat het niet eens zeker is dat al deze bezuinigingen hebben bijgedragen aan het herstel van de economie. Diezelfde Algemene Rekenkamer onderzocht in 2016 wat de kosten en opbrengsten zijn geweest van vijf jaar bezuinigingsbeleid. Hun belangrijkste conclusie is uitzonderlijk cru: het is volstrekt onduidelijk of de overheidsfinanciën zijn hersteld *dankzij* of *ondanks* de jarenlange bezuinigingen. Het is dus goed mogelijk dat de hele operatie voor niets is geweest. De Rekenkamer adviseerde toenmalig minister Dijsselbloem van Financiën dan ook om een uitgebreid onderzoek te laten doen naar het precieze nut van het bezuinigingsbeleid. Van overheidswege kwam dat onderzoek er nooit.

In zijn roman *Serotonine* laat de Franse bestsellerauteur Michel Houellebecq zijn personage zeggen: 'Nederland is geen land, hooguit een onderneming.' Wie kijkt naar de financiële machtsverhoudingen gaat hem bijna gelijk geven. Beleidsmakers spreken niet voor niets voortdurend over 'de BV Nederland'. Maar als de afgelopen tien jaar ons een les zouden moeten hebben geleerd, dan is het dat een samenleving geen bedrijf is. Je kunt geen 'verlieslijdende' onderdelen als onderwijs of veiligheid saneren zonder op de lange termijn het verdienvermogen van bedrijven te ondergraven. Het kabinet creëert geen betere samenleving zolang het vasthoudt aan een economisch groeimodel dat slechts is gericht op het oppompen van bedrijfswinsten, zonder maatregelen te nemen om ook de lonen mee te laten stijgen.[38]

De les van Oom Ben

Dit boek is allerminst een aantijging tegen ondernemend Nederland. Sterker, ik (Sander) heb eind 2014 bij mijn volle verstand ontslag genomen bij *de Volkskrant* om zelf ondernemer te worden. Juist in tijden van fantoomgroei, hebben we ondernemerschap nodig om de wereld duurzamer en socialer te maken. Het probleem is dat we de definitie van ondernemerschap en welvaart hebben verengd tot winstoptimalisatie, ongeacht de gevolgen voor klimaat of maatschappij. Maar goed ondernemerschap en politiek kunnen zoveel meer zijn dan dat. In de film *Spiderman* drukt Oom Ben zijn neefje, superheld Peter Parker, op het hart zijn krachten altijd in het algemeen belang te gebruiken. 'With great power,' aldus Oom Ben, 'comes great responsibility.' Met name de grote bedrijven hebben macht en invloed. En kunnen, als ze willen, weer uitgroeien tot een *force for good*.

Om te bewijzen dat dit alles geen dromerig ideaal is, maar dat ons huidige land daadwerkelijk is gebouwd door ondernemers – en zelfs multinationals – die verder keken dan de nettowinst onder de streep, moeten we tegenwoordig naar het museum.

2

Collectieven die steden bouwen

Aan de rand van het centrum van Eindhoven, op slechts acht minuten lopen van het station, staat een van de leukste particuliere musea van Nederland. Het museum vertelt het verhaal van een jonge ondernemer uit Zaltbommel die neerstreek in een achtergebleven Brabantse boerenstreek, op zoek naar goedkope arbeid voor zijn gloeilampenfabriek. Een kleine eeuw later telt zijn firma ruim vierhonderdduizend werknemers, en bereikte de club die zijn naam draagt het hoogste podium in het Europese voetbal.

Het eerste lichtfabriekje

Gerard Philips kijkt zijn ogen uit, wanneer hij in 1886 in Glasgow arriveert. De jonge werktuigbouwkundige heeft een baan gevonden in de scheepswerven van de Schotse stad.[1] Het Verenigd Koninkrijk heeft op dat moment lichtjaren voorsprong op het ingeslapen Nederland. Terwijl het hier 's avonds nog gewoon donker wordt, gaat het leven aan de andere kant van de Noordzee na zonsondergang dankzij de uitvinding van de gloeilamp vrolijk verder. En niet alleen in de werven en op de schepen, waar Britse arbeiders en zeelieden dankzij het elektrische kunstlicht na zonsondergang gewoon kunnen doorwerken. In iedere pub en winkel, ieder theater en restaurant brandt het kunstlicht. Zelfs de straten van Glasgow lichten 's avonds op onder het warme schijnsel van de gloeilamp.

Gerard is vastbesloten zich de techniek eigen te maken. Hij schrijft zich in voor een avondcursus elektrisch licht. Zodra hij de elementaire werking onder de knie heeft, treedt hij toe tot de prestigieuze onderzoeksgroep van Lord Kelvin aan de Universiteit van Glasgow. De jonge Nederlander gooit hoge ogen met zijn verbeteringen aan de gloeilamp. Terug in Nederland overtuigt hij zijn vader Frederik – een rijke bankier uit Zaltbommel – van de potentie van de gloeilamp in Nederland. Want hoewel naast de Britten ook Duitse firma's als AEG en Siemens al volop lampen produceren, is de vinding in Nederland nog nauwelijks doorgedrongen. Vader en zoon besluiten de concurrentie aan te binden met de Duitsers en de Britten en richten de firma Philips & Co op.

Om te beginnen hebben de twee een fabriek nodig. Maar misschien nog wel belangrijker: voldoende goedkope arbeidskrachten. Als ze tenslotte een kans willen hebben tegen de gevestigde Duitse en Britse lichtfabrieken zullen de lampen van Philips & Co zo goedkoop mogelijk moeten worden geproduceerd. De zoektocht brengt vader en zoon Philips uiteindelijk in een dorpje met amper vierduizend inwoners in het oosten van Noord-Brabant. De straatarme, goeddeels analfabete plattelandsbevolking vormt een ideaal reservoir aan goedkope arbeid. Bovendien staat er aan de rand van het dorp een in onbruik geraakt voormalig lakenfabriekje met een nog werkende stoommachine. Het is precies wat Gerard nodig heeft om zijn droom te verwezenlijken. Zijn vader verschaft het kapitaal van 12 500 gulden voor de aanschaf van de fabriek. En zo opent de allereerste gloeilampenfabriek van Nederland op 15 mei 1891 officieel de deuren, aan de rand van het onbetekenende dorp Eindhoven.

Een wederzijdse afhankelijkheid

De familie Philips bouwt generaties lang aan een concern dat het leven in het oosten van Brabant – en ver daarbuiten – voorgoed zal veranderen. Ze investeren de winst op de gloeilampenfabriek in de ontwikkeling van allerhande nieuwe elektronische apparatuur. Na het succes van de gloeilamp is het een logische stap naar de röntgenlamp, waarmee de medische divisie van de firma aan het begin van de twintigste eeuw ontstaat. Philips stort zich eveneens op tal van consumentenelektronica. Van radio's en scheerapparaten tot televisies, cassettebandjes en later cd's. Om al die spullen te produceren, worden tot ver buiten Eindhoven fabrieken gebouwd. Maar het epicentrum van het conglomeraat ligt in het voormalige boerendorpje dat inmiddels door Eindhoven is geannexeerd: Strijp.

Philips opereert een eeuw lang als een klassiek industrieel conglomeraat. Vrijwel alle onderdelen die het bedrijf nodig heeft, worden in de eigen fabrieken geproduceerd, tot aan het karton om elektronica in te verpakken. Het is dan ook niet verwonderlijk dat het reservoir aan goedkope arbeidskrachten in de regio Eindhoven snel uitgeput raakt. De groei van Philips brengt grote binnenlandse migratiestromen op gang. Philips werft personeel in arme agrarische regio's in heel Nederland, en om al deze nieuwe werknemers te vestigen, stampt het concern compleet nieuwe woonwijken uit de grond in Eindhoven, zoals Philipsdorp en Drents Dorp.

De concentratie van zo veel arbeid op één plek maakt Philips potentieel kwetsbaar voor socialistische oproeren. Een charismatische vakbondsman hoeft maar voor de fabriekspoorten te gaan staan om het voltallige personeel van het bedrijf te bespelen. De tienduizenden arbeiders mogen voor hun inkomen afhankelijk zijn van Philips, andersom kan de familie evenmin zonder hen. Stel je voor wat een schade het bedrijf zou oplopen als zelfs maar een fractie van de 412 000 werknemers die het bedrijf in 1974 telt in staking zou gaan.

We kunnen niet met zekerheid zeggen of de familie Philips *Das Kapital* van Karl Marx heeft gelezen, feit is dat ze bloedverwanten zijn van de Duitse filosoof en een van de grondleggers van het socialisme. Marx is een volle neef van Frederik Philips (hun moeders zijn zussen).[2] Het lijkt dan ook geen toeval dat de firma onder leiding van Frederik, later voortgezet door diens zonen Gerard en Anton, en nog later door kleinzoon Frits, een vermogen investeert in goede maatschappelijke voorzieningen voor het personeel. Zo richt Philips een eigen woningbouwvereniging op om personeel fatsoenlijk te kunnen huisvesten. Hoger kantoorpersoneel wordt gehuisvest in de eigen Philips-villawijk.

Er zijn speciale Philips-winkels, waar medewerkers van de fabriek betaalbaar hun boodschappen kunnen doen. De firma investeert in speelplaatsen, een bibliotheek en scholen. Arbeiderskinderen kunnen op de Philips Bedrijfsschool een technisch vak leren. Er zijn zelfs studiebeurzen beschikbaar waarmee een universitaire studie kan worden bekostigd. Dit alles nadrukkelijk zonder de voorwaarde om later ook bij Philips te komen werken. En dan zijn er nog verschillende vrijetijdsverenigingen van de firma, waaronder de Philips Sport Vereniging (PSV) die dankzij de royale steun van het bedrijf later tientallen landstitels verovert en in 1988 zelfs de beste club van Europa wordt. Mede dankzij de successen van de voetbalclub kweekt het bedrijf ook een bijzondere band met Eindhovenaren die niet bij Philips werken.

Eindhoven is op de kaart gezet door de familie Philips. Maar je kunt de stelling evengoed omdraaien; Philips is gebouwd op de inspanningen van al die honderdduizenden arme boeren en landarbeiders die hun akkers hebben verruild om de dromen van Gerard, Anton en Frits Philips mogelijk te maken. De afhankelijkheid is wederkerig. De familie Philips realiseert zich dit terdege. Zolang het goed gaat met de firma, profiteert iedere arbeider die heeft bijgedragen aan dit succes hiervan mee.

Operatie Centurion

De tijd dat Philips bijna een half miljoen werknemers telde, ligt inmiddels al lang achter ons. Tegen het einde van de

Jaren zeventig raakt de hele Nederlandse industrie in zwaar weer. Vliegtuigbouwer Fokker is eigenlijk te klein om nog te kunnen concurreren met westerse grootmachten als Boeing en Airbus. Autobouwer DAF legt het af tegen Duitse merken als Volkswagen en Opel. De Amsterdamse en Rotterdamse scheepswerven verliezen de slag van nieuwkomers uit met name Zuid-Korea. De maakindustrie heeft sowieso steeds meer moeite om overeind te blijven in de prijzenslag die Japanse en Chinese fabrikanten hebben ontketend. Als grootste Nederlands elektronicaconcern wordt ook Philips meegezogen in de economische malaise. De verliezen van enkele noodlijdende divisies drukken zo zwaar op de financiële prestatie van het concern, dat de directie vreest voor een algeheel faillissement. Topman Jan Timmer – een man die zijn hele leven voor Philips heeft gewerkt – kan naar eigen zeggen dan ook niet niet anders doen dan het concern te ontvlechten.

Timmer kondigt Operatie Centurion af. Het is een reorganisatie die Eindhoven en omgeving op haar grondvesten doet trillen. Het logge conglomeraat wordt opgeknipt in een waaier van zelfstandige bedrijfsonderdelen, die ieder hun eigen broek moeten kunnen ophouden.[3] Bedrijfsonderdelen die niet direct bijdragen aan de winst worden afgestoten. Tienduizenden werknemers verliezen hun baan. Philips slaat een koers in die er feitelijk op neerkomt dat het bedrijf voortaan zo min mogelijk zelf doet. De productie van Philips-apparatuur is sindsdien goeddeels uitbesteed aan onderaannemers, die zich ieder hebben gespecialiseerd in een zo goedkoop mogelijke productie van een specifiek onderdeel of apparaat. Vaak in verre buitenlanden waar de rechten van werknemers aanmerkelijk minder goed zijn gewaarborgd dan in Nederland – en de loonkosten dus vele malen lager zijn.

De afgelopen dertig jaar heeft Philips verschillende divisies verkocht. Zo maakt Philips al jaren geen televisies meer. Waarom je dan toch nog overal ter wereld televisies met het logo van Philips kunt kopen? De onderneming verpacht haar merknaam aan de onbekende Chinese televisiemaker TP Vision. De Chinezen krijgen hun televisies makkelijker verkocht nu ze de wereldberoemde merknaam mogen voeren. Het merk Philips is nog altijd goud waard.

De banden tussen Philips en Eindhoven zijn eveneens goeddeels doorgesneden. De woningbouwverenigingen in Eindhoven zijn verzelfstandigd. Net als de voormalige kruidenierszaak van het bedrijf, die we tegenwoordig kennen als de Etos. Strijp-S is verkocht aan de gemeente Eindhoven. Het hoofdkantoor van Philips is in 1998 verplaatst naar een plaats waar veel meer institutionele beleggers en zakenbanken zijn gevestigd, maar waar nog nooit een gloeilamp is geproduceerd: Amsterdam. Eenmaal geacclimatiseerd in de hoofdstad is zelfs de liefde voor PSV bekoeld. De merknaam Philips is in 2016 verdwenen van de shirtjes van de topclub uit Eindhoven.

Nieuwe innovatieve producten worden tegenwoordig ook steeds minder vaak geboren in de laboratoria van Philips. Het befaamde NatLab in Eindhoven – waar wetenschappers en uitvinders in dienst van de onderneming volop mochten experimenteren, en waar onder meer het cassettebandje en de cd zijn uitgevonden – is opgedoekt. Alleen de producten die zo complex zijn dat niemand anders ze kan maken, worden nog door de onderneming zelf geproduceerd. Het aantal werknemers van Philips is geslonken van 412 000 in 1974 naar 37 000 nu, waarvan slechts een derde in Nederland werkzaam is.[4]

De tijd dat Philips afdelingen vol Willie Wortels in dienst had om nieuwe producten te ontwikkelen, is eveneens voorbij. Het miljardenbedrijf wacht tegenwoordig liever af welke nieuwe start-ups met goede ideeën en producten aan de weg timmeren. Ziet de onderneming een product dat past binnen de strategie? Dan volgt een overnamebod en gebruikt Philips haar reputatie, geld en marketingpower om het product te vermarkten. Philips heeft zich zodoende getransformeerd van een klassiek industrieel conglomeraat in een marketingbedrijf voor medische technologie.[5] Natuurlijk heeft Philips ook nu nog eigen fabrieken en investeert het in innovatie, maar het ooit zo veelzijdige conglomeraat is hard op weg om een doorgeefluik of platform te worden.

De nieuwe bedrijfsvoering bij Philips is verre van uitzonderlijk. Vrijwel ieder product dat je tegenwoordig koopt is de optelsom van een reeks aan kleinere gespecialiseerde ondernemingen. Het optimaliseren van de keten heet dat in managementjargon. We zien deze ontwikkeling terug aan de omvang van de personeelsbestanden van onze bedrijven. Nederland telt tegenwoordig nauwelijks meer grote werkgevers, in de traditionele zin van het woord. Rabobank is met ruim 40 000 medewerkers tegenwoordig de grootste private werkgever van het land. Slechts vier andere ondernemingen tellen nog meer dan 20 000 werknemers in Nederland:

Ahold, PostNL, KLM en ADG Dienstengroep.⁶

Om misverstanden te voorkomen, op zichzelf hebben wij geen bezwaar tegen het opknippen van de productieprocessen in flexibele ketens. Het komt ons best logisch voor dat een bedrijf als Philips zijn verpakkingsmateriaal tegenwoordig bij een gespecialiseerde kartonfabriek bestelt, in plaats van het zelf te maken. De crux zit hem in de gevolgen die het ontmantelen van deze grote collectieven heeft op zowel de werknemers van deze ondernemingen als de samenleving als geheel. In de dagen dat Gerard, Anton en Frits Philips met de scepter zwaaiden over het concern, was het voor Eindhoven (en andere gemeenten met Philips-fabrieken) daadwerkelijk in ieders belang dat het de onderneming voor de wind ging. We hebben in het eerste hoofdstuk al gezien dat die vlieger niet langer opgaat. Grote bedrijven en multinationals hebben hun winstmarges de afgelopen dertig jaar spectaculair zien stijgen, maar de lonen zijn in diezelfde periode gestagneerd.

Op zoek naar antwoorden op de vraag waarom lonen nauwelijks stijgen, besluiten we eens met eigen ogen te gaan kijken hoe nieuwe bedrijven de verbinding met het collectief zijn kwijtgeraakt, en wat de gevolgen hiervan zijn op de lonen. We werpen een blik op een snelgroeiende onderneming waar wij allebei (net als miljoenen anderen) met grote regelmaat spullen kopen.

I FANTOOMGROEI

Het voetvolk van de webshops

Bestel iets bij bol.com en de kans is groot dat de afzender een postbus in Waalwijk is. Daar staat een 50 000 vierkante meter tellend distributiecentrum van bol.com langs de A59. Het is een afgesloten loods zoals die op ieder bedrijventerrein te vinden is. Een skelet van beton, afgewerkt met goedkoop plaatmateriaal, laad- en losperrons voor vrachtwagens, weinig ramen. Het terrein rond de loods is streng beveiligd. Waar traditionele winkeliers er juist alles aan doen om koopgrage klanten naar binnen te lokken, houden de uitbaters van webshops ongevraagde pottenkijkers met hekken het liefst zo ver mogelijk bij hun assortiment vandaan. Camera's registreren iedere verdachte beweging rond het terrein. Voor een toevallige passant is het volstrekt onzichtbaar wat zich precies binnen de loods afspeelt. Afgezien van de vrachtwagens die zo nu en dan het terrein oprijden en verlaten, wekt de blauwe kolos in de zinderende zomerzon een slaperige, uitgestorven indruk.

Achter deze muren wordt op ieder moment van de dag keihard gewerkt, zeggen verschillende magazijnmedewerkers van het bedrijf. Honderden orderpikkers lopen er de blaren onder hun voeten, slepend met pakketten tot wel honderd kilo. De routine is steeds dezelfde. De printer spuugt een bestelling uit, de orderpikker zoekt op de eindeloze stellingen in een van de vijf verdiepingen naar het gevraagde product, en maakt het klaar voor verzending. Wie denkt dat de orderpikkers na het verzenden van een pakketje even achterover kunnen leunen, komt bedrogen uit. Daar zorgen wij als consumenten wel voor. Met iedere bestelling die wij online plaatsen, zetten we een orderpikker aan het werk. In de loods in Waalwijk, of in een van de vele andere distributiecentra die ons land rijk is.

En dat gaat door van de vroege ochtend tot na middernacht. Het is de enige manier waarop de webshops zich aan hun belofte kunnen houden: voor 23.59 uur besteld, de volgende dag in huis. Anders dan in traditionele winkels, werkt het personeel van webwinkels in ploegendiensten. Dit gaat om steeds meer banen. Het Centraal Bureau voor de Statistiek becijferde dat 76 procent van de Nederlanders in 2017 een of meer producten online kocht. Waar we aanvankelijk vooral kleding, boeken, vakanties en concertkaarten via het internet bestelden, groeit de onlinehandel in cosmetica en levensmiddelen nu ook razendsnel. In 2016 bestelde een op de vijf Nederlanders al eten via het internet. Een jaar later was dat een op de vier. De coronacrisis heeft de groei van webshops nog verder versneld.

De populariteit van online winkelen groeit zelfs zo snel, dat bol.com in de zomer van 2018 aankondigde het pas in 2017 geopende distributiecentrum bij Waalwijk alweer fors te gaan uitbreiden om de groei bij te kunnen benen. Het aantal arbeidsplaatsen in de webshops groeit navenant. Sinds 2013 bedraagt de toename gemiddeld 16 procent per jaar, zo blijkt uit onderzoek van uitkeringsinstantie UWV. Tegen het einde van 2017 telden de Nederlandse webshops samen 62 000 medewerkers. Het UWV nam dat jaar vijf grote webshops onder de loep, waaronder bol.com, om te leren welke 'kansen voor werkzoekenden' de sector te bieden heeft. De uitkeringsinstantie concludeerde dat webshops grofweg twee categorieën medewerkers hebben.

Enerzijds zijn er de marketeers, programmeurs, inkopers, data-analisten en managers, die vanuit aangename hoofdkantoren de hele dag in de weer zijn om consumenten digitaal te verleiden om zoveel spulletjes te kopen. Zij zijn hoogopgeleid, vijfentwintig tot veertig jaar oud, worden goed betaald en vormen afhankelijk van de webshop 10 tot 40 procent van het personeelsbestand. We kunnen hen vergelijken met de uitvinders en productontwikkelaars die Philips groot hebben gemaakt, wier kinderen in aanmerking kwamen voor een studiebeurs. In navolging van Gerard Philips' eigen verbeteringen aan de gloeilamp, heeft de firma in een eeuw tijd een klein leger aan wetenschappers, uitvinders en productontwikkelaars naar Eindhoven gehaald om te werken aan de apparaten die het bedrijf groot hebben gemaakt. Philips heeft kosten noch moeite gespaard om deze mannen en vrouwen een goed leven te bieden in Eindhoven. Het succes van de onderneming stond en viel tenslotte bij de kwaliteit van hun werk. Hetzelfde principe gaat nu op voor de programmeurs, designers en data-analisten van de grote webshops. Zolang zij erin slagen om ons massaal te laten klikken en bestellen, kunnen ze aan de loontafel praktisch alles vragen. Zij hebben geen cao nodig om goede arbeidsvoorwaarden te bedingen, daarvoor zijn hun werkgevers te afhankelijk van deze krachten. Het mag dan ook niet als een verrassing komen dat dit type medewerker behoort tot de nieuwe elite van de gegoede Nederlandse middenklasse.

De uitstekende arbeidsvoorwaarden van het hoogopgeleide kantoorpersoneel staan in schril contrast met wat de uitkeringsinstantie omschrijft als 'de werkvloer' in het distributiecentrum, of zoals bol.com het zelf noemt: het *fulfilment center*.[7] Dit zijn de werkenden die de pakketjes daadwerkelijk versturen, of ontevreden klanten te woord staan; de medewerkers van de klantenservice, de orderpikkers en ander personeel in de loodsen langs de snelwegen. Werkend in ploegendiensten vormen zij de ruggengraat van iedere grote webshop. En naarmate de omzet van de webshops de komende jaren verder stijgt, zal met name dit type banen binnen de sector doorgroeien.[8]

Met de uitbreiding neemt het distributiecentrum van bol.com in Waalwijk honderd van deze nieuwe banen voor haar rekening. Maar wat zijn dit voor banen? Het overgrote deel van het werk wordt verricht door buitenlandse arbeidskrachten die tijdens hun diensten afstanden afleggen waarvoor je in Nijmegen beloond wordt met het Kruis voor betoonde marsvaardigheid. Het gaat al gauw om dertig kilometer per dienst. In alle anonimiteit, tegen het wettelijk minimumloon[9]. Ruimte voor iets hogere lonen is er feitelijk niet. Online winkelen mag dan big business zijn, de marges van webshops zijn laag. En daar zijn wij als consument zelf debet aan. Waar we in traditionele fysieke winkels vaak geen idee hadden wat bijvoorbeeld een scheerapparaat bij de concurrent tien kilometer verderop kostte, kunnen we online in een oogopslag tot zelfs buiten de landsgrenzen prijzen vergelijken. Bij gebrek aan binding met het anonieme personeel achter de webwinkel, voelen we ons sociaal of emotioneel evenmin verplicht om iets meer te betalen bij die ene winkel waar we altijd zo hartelijk worden ontvangen. Het zoeken naar de laagste prijs is onlosmakelijk verbonden met online winkelen. Wie succesvol een webshop wil uitbaten, zal dus alles uit de kast moeten halen om de kosten zo veel mogelijk te drukken. Lees: personeel mag niet te veel kosten. En Nederlandse en Europese regelgeving biedt webwinkels alle ruimte om de loonkosten te minimaliseren.

Perspectief op promotie of persoonlijke groei binnen het bedrijf is er voor de orderpikkers nauwelijks, omdat ze formeel niet voor bol.com werken maar voor Ingram Micro. Dit wereldwijde concern – met vestigingen in honderdzestig landen – is gespecialiseerd in het exploiteren van distributiecentra voor webshops. Zogezegd is bol.com feitelijk niet veel meer dan een online etalage, waar consumenten hun artikelen uitzoeken. Iedere fysieke handeling is vervolgens uitbesteed aan bedrijven die zich hebben gespecialiseerd in een deelaspect van het zo goedkoop mogelijk versturen van online bestelde pakketjes. Zo is PostNL verantwoordelijk voor de bezorging van de pakketten. Maar zoals de orderpikkers niet in dienst zijn van Bol, zo zijn de meeste pakketbezorgers niet in dienst van PostNL. Veelal zijn het zzp'ers die – soms via een onderaannemer, soms rechtstreeks – pakketten bezorgen voor PostNL.

De distributiecentra worden dus verzorgd door Ingram Micro. Maar dit is niet de werkgever van de orderpikkers. Het werven en verlonen van goedkoop personeel is uitbesteed aan uitzendbureaus, die het gros van hun manschappen ronselen in Zuid- en Oost-Europa. Op de lokale arbeidsmarkt is weinig interesse voor een baan in het distributiecentrum. Hiervoor zijn de lonen te laag en het werk te zwaar. De orderpikkers die wij spreken, noemen het werk in de distributiecentra allemaal zwaar en eentonig. Toch is dit niet wat hen steekt. Het zijn vrijwel allemaal sterke jonge mannen, voor wie een Nederlands minimum uurloon van € 10,60 bruto vele malen hoger is dan wat ze in eigen land kunnen verdienen. Het punt is dat ze, om dit werk te kunnen doen, niet in hun eigen land kunnen verblijven. Wie hier wil werken, moet ook hier wonen. En het leven in Nederland, zo ontdekken de meesten pas na aankomst, is peperduur. Geld om fatsoenlijke huisvesting te regelen hebben de meeste orderpikkers niet. En dus worden ze door hun werkgevers gehuisvest in afgeschreven vakantiebungalows. Vaak met meerdere mensen op een kamer. Uiteraard tegen een vergoeding van enkele honderden euro's per maand, die automatisch op hun loon wordt ingehouden. Met weinig privacy, slechte hygiënische omstandigheden en veel onderlinge overlast.

Niemand heeft een vaste aanstelling. De orderpikkers hebben zelfs geen garantie dat ze iedere week veertig uur mogen werken. Niet zelden krijgen ze substantieel minder uren toebedeeld, zo horen we van verschillende medewerkers, terwijl ze wel hun logies moeten betalen. Oost-Europese orderpikkers van bedrijven als bol.com leven in een parallel universum, waarin ze vrijwel nooit een Nederlander ontmoeten. Maar ook de Nederlandse werkkrachten, zoals de pakketbezorgers en de helpdeskmedewerkers, werken allemaal met flexibele contracten tegen een minimale vergoeding. De mogelijkheid om een huis te kopen hebben ze niet, en dus zullen ze ook nooit op dezelfde manier als wij kunnen profiteren van stijgende huizenprijzen. Het probleem is niet dat bol.com een uniek model heeft uitgevonden. Het probleem is dat alle webshops zo werken, net zoals steeds meer andere ondernemingen.

Tegen het einde van 2019 heeft nog maar 61 procent van de Nederlandse werknemers een vast contract. De rest van ons werkt flexibel. Sommigen van deze flexkrachten zijn uitstekend betaalde zzp'ers, terwijl een aanzienlijk deel van de mensen met een vaste aanstelling ook niet veel meer verdient dan pakweg 130 procent van het minimumloon. Het is dus lastig om in algemene termen over verschillende typen werk te spreken. Maar een constante zien we wel steeds terugkomen: voor hoogopgeleid personeel dat over een specifieke, relatief schaarse vaardigheid beschikt, werkt keten-optimalisatie uitstekend. Zij profiteren volop van de economische groei die we realiseren en kunnen zich de peperdure appartementen in de binnensteden nog permitteren. Maar wie voor zijn of haar brood afhankelijk is van een simpelere, doch eveneens cruciale taak binnen de keten, heeft steeds meer het nakijken.

Afhankelijke sterrenstelsels

Het opknippen van traditionele collectieven als Philips is wat de Amerikaanse professor David Weil de creatie van een afhankelijk sterrenstelsel noemt.[10] Daarin zijn bijvoorbeeld MRI-scanners niet het resultaat van het werk van vele duizenden mensen in één bedrijf. In plaats daarvan zijn er allerlei kleine onderaannemers betrokken die om één dominante ster cirkelen, in dit geval Philips. Maar het is de ster die het product uiteindelijk aan de klant verkoopt. Zij bepalen dus in grote mate hoe het geld onder de leveranciers wordt verdeeld. Weil laat ons zien hoe het geld dat op deze manier het sterrenstelsel binnenkomt, zo veel mogelijk binnen het dominante bedrijf blijft. De cirkelende planeetjes – toeleveranciers uit het midden- en kleinbedrijf (mkb) – zijn veroordeeld tot een voortdurende onderlinge strijd om de gunsten van de ster. Deze brengt het werk in brokjes in een soort omgekeerde veiling op de markt; de toeleverancier die de gevraagde kwaliteit het goedkoopst kan leveren, krijgt de opdracht. De planeten maken op hun beurt vaak weer gebruik van flexkrachten en zzp'ers, die je in deze analogie satellieten zou kunnen noemen. Sommigen van deze zzp'ers beschikken over zeldzame vaardigheden en kunnen goede tarieven bedingen. Daartegenover staat een leger van dagloners die nauwelijks hun broek kunnen ophouden. Uit cijfers van het CBS blijkt dat 40 procent van de zzp'ers in 2016 minder dan 16 000 euro per jaar verdiende. Zoals de planeten elkaar op kosten moeten bestrijden om de gunsten van de sterren, zo vechten veel satellieten om de gunst van de planeten.

Ons politiek-economische beleid is gebaseerd op de gedachte dat we collectief profiteren van de groei van grote bedrijven. Maar de cijfers leren ons dat met name de grote bedrijven profiteren van de groei van de grote bedrijven. De zwaartekracht van de centrale sterren in het stelsel trekt een steeds groter deel van de waarde naar zich toe, waardoor de planeten steeds minder ruimte hebben om de lonen van hun personeel, of de vergoedingen van hun satellieten, te verhogen. Zelfs al zouden ze het willen. De vorming van

I FANTOOMGROEI

het sterrenstelsel heeft vele gevolgen voor werkenden. We hebben al gezien dat grote bedrijven (de sterren) steeds minder personeel in dienst hebben. Ze besteden hun productie in toenemende mate uit aan kleinere bedrijven (planeten), die vaak weer zzp'ers (satellieten) inzetten. Wij zijn de eersten om te erkennen dat het met een deel van die planeten en satellieten in goede tijden uitstekend kan gaan. Sterker, mijn (Sanders) eigen bedrijf is zo'n planeet die rond enkele grote sterren draait. Wij leveren hun kant-en-klare mediaproducties met een club van zo'n vijfentwintig zelfstandige satellieten, die we op uurbasis inhuren om magazines, webproducties, video's en podcasts te maken.

In mijn ondernemerschap probeer ik een voorbeeld te nemen aan het oude Philips. En nee, wij zullen nooit de omvang bereiken dat we hele wijken of sportclubs uit de grond kunnen stampen, maar als ondernemer voel ik wel een bijzondere verantwoordelijkheid om de uren die mensen voor mij werken zodanig te belonen dat ze aan het einde van de maand voldoende geld in hun zak hebben om zelf hun huur, hypotheek, contributie voor de sportclub, pensioen en sociale verzekeringen te kunnen regelen. Natuurlijk zijn wij niet representatief voor andere satellieten. Wij zijn een klein bedrijf en doen specialistisch werk, met een hoge pr-waarde voor onze opdrachtgevers. Als ik in gesprek ben met een potentiële opdrachtgever, kan ik goed uitleggen waarom onze filosofie ook voor hen meerwaarde biedt; omdat wij goede tarieven hanteren kunnen wij ook altijd over de beste mensen beschikken. En dit zie je terug in het werk. In feite vallen wij daarmee qua inkomens in dezelfde categorie als het kantoorpersoneel van bol.com, zij het dat wij geen onderdeel zijn van een multinational.* Maar lang niet alle satellieten kunnen aantonen wat de specifieke meerwaarde van hun personeel is ten opzichte van de concurrentie.

Bob Herbold, adjunct-directeur van Microsoft, gaf ons ooit een interessant inkijkje in hoe bestuurders van veel grote multinationals denken over de verschillende soorten personeel. Ten overstaan van zijn aandeelhouders stelde hij voor het bedrijf 'niet verstikt te laten raken in nutteloze vaste activa'.[11] Herbold wilde behalve programmeurs en productontwikkelaars zo min mogelijk mensen in dienst. Dus werden de secretaresses bij Microsoft ontslagen en konden ze opnieuw solliciteren via een uitzendbureau. Hiermee bestempelde Herbold ze tot dezelfde categorie als de pennen, potloden en het printpapier. Het zijn niet langer waardevolle leden van het collectief die bijdragen aan het succes, maar diensten die ze inkopen. Fte's in een spreadsheet, in plaats van mensen met een naam, een gezin, ambities en dromen. In de sterrenstelsels komen de directeuren en managers de schoonmakers, receptionisten en productiemedewerkers over wier levens ze iedere dag ingrijpende besluiten nemen nooit meer tegen op kerstborrels of tijdens het bedrijfsfeest, omdat ze nu allemaal voor een ander bedrijf werken. Het is makkelijker om arbeidsplaatsen te schrappen, lonen en vergoedingen te verlagen en fabrieken te verplaatsen als je de mensen die het aangaat nooit in de ogen hoeft te kijken. Het lijkt dan ook geen toeval dat personeelsbazen zich sinds

---

* bol.com is onderdeel van Ahold.

de jaren tachtig steeds vaker CHRO – Chief Human Resources Officer – noemen. Personeel is op een aantal plekken gereduceerd tot een grondstof, in plaats van een belangrijk radertje in het wederzijds afhankelijke systeem van een welvarende samenleving.

De turbo op de sterrenstelsels

De vorming van de sterrenstelsels is al in de jaren tachtig van de vorige eeuw ingezet, maar tot aan het begin van deze eeuw waren de satellieten vaak nog wel bedrijven met een behoorlijke omvang. Neem bijvoorbeeld de autofabriek Nedcar uit Born, een satelliet die rond het grote BMW-concern draait. Natuurlijk maakt die positie de Limburgers kwetsbaar voor de grillen van de Duitsers. Als er over drie jaar een Belgische autofabriek leeg komt te staan, kan Nedcar het contract met BMW zomaar verliezen, zoals ze eerder contracten met Volvo en Mitsubishi zijn verloren. Tegelijk is het aantal beschikbare autofabrieken met de kwaliteiten van Nedcar nog beperkt, en staat de fabriek onder leiding van de Brabantse ondernemersfamilie Van der Leegte die de kunst van het onderhandelen met een multinational als BMW verstaat. Maar sinds de opmars van techbedrijven is de kern van vaste medewerkers van de sterren sterk geslonken en zijn de satellieten veelal individuele zzp'ers, denk maar aan Uber of Deliveroo.

Dankzij de razendsnelle opmars van het internet proberen allerlei handige ondernemingen de vraag naar een bepaalde dienst of product te monopoliseren. Het patroon is steevast hetzelfde. De nieuwkomer komt met een schijnbaar onschuldige, publieksvriendelijke online dienst. Voor boeken. Hotelovernachtingen. Kleding. Schoonmaakwerk. Taxi's. Het bezorgen van maaltijden. Elektronica. Het onderhouden van vriendschappen. Nieuws. Enzovoorts. Eerst trekken de nieuwkomers stukje bij beetje meer macht naar zich toe. Eenmaal in het zadel zuigen ze de lucht uit de verdienmodellen van de bedrijven die voorheen de dienst uitmaakten in een sector. Velen betitelen de opkomst van deze nieuwe bedrijven met een term als 'disruptie', een onstuitbare opmars van een nieuw verdienmodel. Overigens zijn dit vaak mensen die er zelf ook aan verdienen.[12] Voor de medewerkers uit de sectoren die ontwricht worden heeft het daarentegen grote consequenties.

De nieuwe werkgelegenheid die ontstaat dankzij de platformen, is vaak slecht betaald. Journalist Jeroen van Bergeijk reed vijf maanden als chauffeur voor Uber om te ervaren hoe het leven is als je werkgever een platform is. Hij beschrijft een bestaan waarin hij volledig in de ban raakt van Ubers Driver-app, die hem tot in detail voorschrijft wat hij wanneer moet doen. Zijn aandacht wordt volledig opgeslokt door meldingen van de app van potentiële ritten, die hij zo snel mogelijk moet accepteren, voor een ander het doet. Maar wat hij ook probeert, zelfs in zijn beste maand houdt hij na aftrek van de kosten bruto maar tien euro per uur over aan zijn werk. Een bedrag waarover hij zelfs schrijft: 'Daar kun je van leven, maar dan moet je niet ziek worden.'[13]

Waar Gerard Philips al zijn geld, tijd en energie stak in de productie van een zo groot mogelijk aanbod van een nieuw innovatief product (de gloeilamp), hebben de oprichters van

Uber geïnvesteerd in een sleepnet dat een zo groot mogelijk deel van de vraag naar een bestaande dienst (taxivervoer) opvist, voordat deze de chauffeurs kan bereiken. Juist omdat Uber er uitstekend in slaagt om de vraag naar taxivervoer te bundelen, kunnen chauffeurs het bedrijf nauwelijks meer negeren. Feitelijk is Uber een mondiaal kartel van taxiklanten aan het worden, dat zijn macht gebruikt om chauffeurs goedkoop te houden. Zonder Uber hebben ze tenslotte steeds minder toegang tot de klanten die ze vroeger gewoon op straat of bij een vaste standplaats oppikten. De sociale implicaties hiervan zijn immens.

De polder loopt onder

Tot nu toe hebben de bonden die opkomen voor de rechten van dit type personeel nauwelijks een antwoord op de nieuwe verhoudingen in de wereld van werk. Terwijl bedrijven afscheid hebben genomen van het klassieke ondernemingsmodel, zijn de traditionele vertegenwoordigers van werkgevers en werknemers doorgegaan alsof het nog altijd 1950 is. Maar de traditionele wapens van de vakbeweging zijn niet opgewassen tegen deze 'optimalisatie van de keten'. Vakbondsmacht is gebaseerd op solidariteit van grote groepen werknemers die collectief onderhandelen. Individueel is vrijwel iedereen inwisselbaar, maar als groep zijn ze onmisbaar. De maatschappelijke rol die Philips ooit had kwam enerzijds voort uit een goed begrepen eigenbelang, maar was evengoed het resultaat van een grote onderlinge solidariteit onder al het personeel. De kwetsbaardere groepen in het bedrijf liftten mee op de sterke positie van anderen. Maar in het sterrenstelselmodel is het bundelen van de macht van een groep niet meer voldoende. Je moet verschillende groepen verenigen voordat je een vuist kunt maken. Vakbonden sluiten nog wel cao's af met werkgevers, maar bijna nergens meer voor tienduizenden mensen tegelijk. Dat betekent dus onderhandelen met veel meer werkgevers, terwijl ook potentiële stakers verspreid zitten over evenzoveel bedrijven. Dat valt bijna niet meer te organiseren.

Ook vanuit werkgeversoptiek is de wereld veranderd. De positie van een dominante onderneming in het sterrenstelsel is heel anders dan die van een bedrijf dat eromheen cirkelt. De een domineert de ander en hun onderlinge belangen kunnen stevig verschillen. Tijdens discussies over nieuwe arbeidsmarktwetgeving brak een aantal leden van ondernemersvereniging MKB-Nederland zelfs los van de vereniging om zich als apart blok te verzetten tegen de nieuwe wet.[14] Dergelijke breuken zijn tamelijk ongekend voor een wereld waarin altijd gold: 'De Malietoren spreekt met één mond'.* De verschillende werkgeversverenigingen die de toren herbergt spreken elkaar liever niet tegen.

Voor de overheid levert de vorming van afhankelijke sterrenstelsels net zo goed een probleem op. De explosie van flexconstructies die de laatste jaren plaatsvond, betekent dat hun invloed afneemt. Het arbeidscontract tussen werknemer en werkgever is een belangrijk middel van de

---

* De Malietoren is het kantoorpand in Den Haag waar beide ondernemersverenigingen gehuisvest zijn.

overheid om publieke zaken te regelen. Neem bijvoorbeeld de groeiende groep zelfstandigen zonder personeel (zzp'ers); zij bouwen in tegenstelling tot werknemers niet automatisch bescherming op tegen arbeidsongeschiktheid of werkloosheid en sparen minder makkelijk voor hun pensioen. Dit is vaak geen onwil; met de tarieven waar veel zzp'ers voor werken is het schier onmogelijk een pensioen op te bouwen. En wie zegt dat dit de eigen verantwoordelijkheid van deze werkenden is, ziet een belangrijk punt over het hoofd: het zit niet in onze aard om deze groep in tijden van crisis te laten creperen. Zoveel heeft de coronacrisis wel duidelijk gemaakt. Toen Nederland in maart 2020 een gedeeltelijke lockdown afkondigde, was het parlement van links tot rechts voorstander van een noodregeling om de inkomens van deze mensen aan te vullen tot het sociaal minimum.[15] Wanneer deze groep straks te oud is om nog te werken, zullen zij opnieuw een beroep doen op de overheid voor bijstand. Tegen die tijd zal het schier onmogelijk blijken om die kosten alsnog te verhalen op het bedrijfsleven dat nu de dans ontspringt.

Kortetermijnwinst versus langetermijnwaarde

De ontwikkeling van grote bedrijven naar sterrenstelsels heeft de dynamiek zowel binnen als tussen ondernemingen veranderd en een eind gemaakt aan het collectief. De machtsbalans is verschoven, de wederzijdse afhankelijkheid is voorbij. Ondertussen hebben aandeelhouders de afgelopen jaren aan het langste eind getrokken. Terwijl lonen van werknemers zijn gestagneerd, zagen zij de bedrijfswinsten toenemen.[16] Een groeiende berg geld potte zich de afgelopen jaren op bij een steeds kleiner wordende groep mensen en bedrijven.[17] Vanaf de jaren negentig kreeg een toenemend aantal bestuurders hun beloning in de vorm van optie- of aandelenpakketten en werden salarisbonussen gekoppeld aan de beurskoers van het bedrijf.[18] Daarmee gebeurde iets interessants. De individuele financiële belangen van CEO's en directieleden werden direct in lijn gebracht met die van de aandeelhouders. Als de beurskoers van het bedrijf het goed deed, betekende dat zowel stevige winsten voor aandeelhouders als topbeloningen voor directies. Maar hoge beurskoersen zijn niet per definitie goed voor de onderneming. En ook niet voor de samenleving.

Sterker, het koppelen van directiebelangen en aandeelhoudersbelangen leidt tot nogal wat perverse prikkels die voor de economie als geheel averechts kunnen uitpakken.[19] Er zijn allerlei manieren om op korte termijn geld te verdienen voor jezelf en je aandeelhouders. En die helpen de onderneming als geheel op de lange termijn vaak niet. Bijvoorbeeld het uitstellen van kostbare investeringen in onderzoek en ontwikkeling of salarisverhoging voor het personeel, om op korte termijn een hogere winst te boeken. In het Engels noemt men dit de verandering van *retain-and-reinvest* (bewaar en investeer) naar *downsize-and-distribute* (verklein en verdeel).[20] Grofweg stelt het dat je twee bedrijfsstrategieën aan kunt houden. Bij de eerste strategie gebruik je de winst om opnieuw te investeren in je bedrijf, zij het via R&D (research & development), het ontwikkelen van nieuwe producten of betaling aan je personeel. Hoe meer je investeert, hoe sterker je in de toekomst bent. Op die manier vormt verdiend geld de basis om je prestaties te verbeteren. De tweede strategie gaat er juist van uit dat je zo veel mogelijk kosten probeert te verlagen om zo veel mogelijk inkomsten over te houden, door salarissen te matigen, bedrijfsonderdelen af te stoten of personeel uit te besteden. Hoe minder je uitgeeft, hoe meer geld je in kas houdt.

Hoe groot de macht van de aandeelhouders is geworden illustreert de koers die Paul Polman met Unilever werd gedwongen te varen, nadat hij ternauwernood een vijandig overnamebod had weten af te slaan. Bijna tien jaar lang had Polman zich ingezet voor een verduurzaming van zijn onderneming. Hij deed verwoede pogingen om zijn aandeelhouders uit te leggen dat een bedrijf grotere verantwoordelijkheden heeft dan goede kwartaalcijfers en snelle rendementen. Zoals het verminderen van de CO_2-voetafdruk, en bouwen aan een wereld waarin Unilever over honderd jaar nog steeds geld kan verdienen. Polmans strategie werd doorkruist door een vijandig overnamebod van het veel kleinere Amerikaanse Heinz. De Amerikanen hadden weinig op met de duurzame koers van Polman en stelden diens aandeelhouders wel veel hogere rendementen op de korte termijn in het vooruitzicht. Na een stevig debat over de koers van de onderneming waren de aandeelhouders uiteindelijk bereid om het bod af te wijzen, maar hier stond tegenover dat Polman de waarde van hun aandelenpakketten zou moeten vergroten.[21]

Stel dat jij beloond zou worden op basis van de beurskoers en winst op de korte termijn van je bedrijf: welke strategie zou je kiezen? Natuurlijk is het goed om te investeren in de toekomst, niemand zal dat ooit ontkennen. Jij ook niet. Tegelijkertijd zul je die toekomst zelf waarschijnlijk niet meer meemaken. Bovendien zit iedereen tegenwoordig nog maar een paar jaar op dezelfde plek. Aan het eind van je termijn vertrek je met een mooie handdruk naar een volgende klus. Je verliest je aandeel in de toekomst uit het oog, bezwijkt onder de druk van aandeelhouders of laat je verleiden door het geld. Natuurlijk zul je het nooit zo verkopen. Er zijn voldoende consultants die helpen om het juiste verhaal te vertellen: het bedrijf moet zich richten op kernactiviteiten, wendbaarder worden, de productiviteit verhogen enzovoorts. Allerlei plannen, powerpointpresentaties en grootse termen maskeren de naakte waarheid dat er een perverse financiële relatie bestaat tussen eindverantwoordelijken, aandeelhouders en de toekomstbestendigheid van menige onderneming. Dit gebeurt dagelijks in de economie. Ondanks het feit dat winsten hoog zijn en bedrijven ontzettend veel geld in kas hebben, investeren ze dat weinig in 'echte' activiteiten, waardoor de productiviteitsstijging al lange tijd laag is.[22] Men heeft liever geld dan echte waarde.

Winstoptimalisatie

De focus op winst is zelfs zo groot dat bedrijven, in plaats van te investeren in de samenleving, mensen of belangrijk onderzoek voor de toekomstbestendigheid van de onderneming, op de financiële markten aan de slag gaan. Dit noemen we ook wel de 'financialisering van de economie'.

I FANTOOMGROEI

Dat wil zeggen dat financiële activiteiten – die we voorheen eerder met banken zouden associëren – een steeds belangrijker onderdeel vormen van het werk van normaal producerende ondernemingen. In plaats van geld verdienen met producten proberen bedrijven geld te verdienen met geld.[23] Denk bijvoorbeeld aan autofabrikanten die ook leningen aanbieden, of multinationals die geld zo gunstig mogelijk van het ene naar het andere belastingparadijs doorsluizen – een activiteit waar de Nederlandse belastingdienst al jaren gretig aan meewerkt.[24] Een nog vreemder fenomeen is het inkopen van eigen aandelen, of *buybacks* in het Engels. Zo kondigde Shell in 2018 aan dat ze tot 2020 voor een slordige 25 miljard euro aan aandelen in zal kopen.[25] Blijkbaar zag de leiding van de oliegigant geen kans een dergelijk bedrag te investeren in, we noemen maar eens iets, duurzame energie.

Het directe gevolg van de buyback is dat de prijs van de overgebleven aandelen op dat moment stijgt en dat de winst onder een kleinere groep te verdelen valt. Het is mede dankzij die stijgende aandelenprijzen dat CEO Ben van Beurden in 2018 zijn aan de beurskoers gekoppelde beloning zag verdubbelen tot 20,1 miljoen euro.[26] Voormalig Philips-topman Jan Timmer heeft na zijn pensionering met lede ogen moeten aanzien hoe zijn opvolgers eveneens de beurskoers kunstmatig hebben opgepompt met buybacks. In zijn memoires spreekt hij zijn afkeuring uit over directeuren van een technische onderneming die liever de beurs trekken om hun eigen beurskoers op te krikken dan daadwerkelijk te investeren in uitvindingen.[27]

De Amerikaanse techgigant Apple maakt het nog bonter. De producent van de iPhone beschikt over meer dan

200 miljard dollar aan eigen vermogen, verstopt in allerlei belastingparadijzen, wederom dankzij Nederlandse hulp. Echte doorbraken heeft het bedrijf de laatste jaren niet meer gekend, toch leent het in de Verenigde Staten bij banken miljarden extra om eigen aandelen terug te kopen zodat de dividenden kunnen stijgen.[28]

Uit Amerikaans onderzoek blijkt dat bedrijven hun investeringen in ontwikkeling en innovatie met 40 procent laten dalen wanneer ze eenmaal de beurs betreden.[29] Sterker nog, er zijn goede aanwijzingen dat buybacks en investeringen in onderzoek en innovatie een sterke negatieve correlatie vertonen: wanneer de buybacks stijgen, dalen de investeringen.[30] Laat dit mechanisme goed op je inwerken: de waarde die gecreëerd wordt door samenwerking van collectief werkenden in de vorm van een onderneming, daarbij ondersteund door de publieke voorzieningen van de samenleving, wordt gebruikt om op een speculatieve manier de bonussen van een groep te spekken die niets te maken had met het genereren van diezelfde waarde. Het is dan ook niet voor niets dat buybacks tot halverwege de jaren tachtig verboden waren in de Verenigde Staten.[31] De wetgever beschouwde het als misleiding en marktmanipulatie.

We betalen allemaal de prijs

Al dan niet bewust betalen we allemaal de prijs voor de steeds grotere aandeelhoudersmacht. Ten eerste leiden minder investeringen tot minder innovatie. Door aandeelhouders zoals die van Unilever stagneert de welvaart en krimpt de mogelijkheid op nieuw werk of de broodnodige verduurzaming van veel van onze producten. Ten tweede blijft er minder geld over voor werknemers en toeleveranciers, die onder druk worden gezet om hun salarissen en tarieven te verlagen. Door de voortdurende competitie wordt uiteindelijk iedere marge uit de zakken van kleinere ondernemers en hun personeel geperst. Hiermee is het huidige aandeelhouderskapitalisme verworden tot een belangrijke oorzaak voor groeiende ongelijkheid. Ten derde investeren sommige grote aandeelhouders hun winsten in kortademige speculatie, bijvoorbeeld in vastgoed, wat op zijn beurt de huizenprijzen in Europese hoofdsteden weer onredelijk hard doet stijgen. Zonder dat er waarde wordt toegevoegd aan de panden, die vaak al honderd jaar geleden of langer zijn gebouwd, moet jij wel het dubbele of meer betalen om nog in de stad te kunnen wonen. Wat blijft er over van de kwaliteit van onderwijs als leerkrachten niet meer in de (omgeving van) steden kunnen wonen waar ze werken. Of verpleegkundigen? Of politieagenten? De torenhoge huizenprijzen vormen daarmee een acute bedreiging voor de leefbaarheid van de stad.

De gulzigheid waarmee het aandeelhouderskapitalisme een domino-effect van opgeslurpte waarde creëert, smelt het cement dat onze samenleving bijeenhoudt.[32] En dit is pas de helft van het probleem. Bij gebrek aan innovatie en productiviteit om concurrenten te verslaan, ontwikkelen de centrale sterren in het sterrenstelsel andere methoden om hun positie te verdedigen. Daarbij komt een grote stapel geld goed van pas. De twee belangrijkste tactieken zijn een uitgebreide politieke lobby en het overnemen van concurrenten.

Grote bedrijven zijn in toenemende mate in staat hun machtsposities op allerlei manieren te consolideren.[33] De vermenging van de staat en het bedrijfsleven draagt hier sterk aan bij. Zo weten we al langer dat de Nederlandse ministeries van Economische Zaken en Buitenlandse Zaken hun hoge ambtenaren soms voor een of twee jaar bij Shell detacheren en vice versa.[34] Het is dit type verstrengeling dat ertoe heeft geleid dat het ministerie van Economische Zaken jarenlang weigerde daadkrachtig in te grijpen bij de problemen met de Groningse gaswinning, zo blijkt uit een rapport van de Onderzoeksraad voor Veiligheid.[35] De bedrijven en de Nederlandse overheid vormen, stelt de raad, een 'gesloten bolwerk' waarbinnen de belangen van burgers geen serieuze overweging meer waren. Een ander voorbeeld komt aan het licht als NRC *Handelsblad* in 2015 onthult dat een nieuwe wet voor de financiële markten, ingediend door toenmalig minister van Financiën Jeroen Dijsselbloem, voor een deel letterlijk was geschreven door lobbyisten van ING.[36]

Behalve politieke beïnvloeding stellen enorme kasreserves grote ondernemingen in staat eventuele concurrenten op tijd over te nemen en aan het moederschip toe te voegen. Mocht een succesvol innovatief bedrijf zich op de markt begeven en in potentie ooit een bedreiging gaan vormen voor de gevestigde orde, dan staan de gevestigde partijen klaar om dat simpelweg op te kopen. Zo heeft techgigant Facebook zich bijvoorbeeld ontdaan van de concurrentie van nieuwkomers als WhatsApp en Instagram.

Daardoor zijn we in de gekke situatie beland waarin opvallend veel sectoren worden gedomineerd door een handjevol bedrijven.[37] Een deel van die bedrijven is mondiaal zo sterk dat Europese consumenten worden meegezogen in hun marktmacht. Voor onze toegang tot mobiel internet zijn we vrijwel volledig afhankelijk van Apple en Google. Eenmaal online is het haast onmogelijk om te ontkomen aan de dataverzameldrift van Google en Facebook. En in de meeste landen (Nederland is hier nog een uitzondering) kunnen online shoppers nauwelijks meer om Amazon heen. Offline zien we hetzelfde gebeuren. De voedselindustrie wordt mondiaal gedomineerd door Unilever, Bayer en Procter & Gamble, de energiesector door ExxonMobil, Shell en BP. De vliegtuigindustrie door Boeing en Airbus. De meeste specifieke ziekenhuisapparatuur wordt geleverd door Philips, Siemens en GE. Albert Heijn en Jumbo bezitten samen meer dan de helft van de Nederlandse markt voor supermarkten. Lokaal komen marktconcentraties tot 75 procent voor. De telecommarkt is verdeeld tussen drie grote spelers. Driekwart van de Nederlanders bankiert bij een van de drie grote banken die ons land telt. En 90 procent van de Nederlanders is verzekerd bij een van de vier grote Nederlandse zorgverzekeraars. Twee Belgische mediaconcerns zijn eigenaar van vrijwel alle kranten in Vlaanderen en Nederland. Zowel lokaal als landelijk.

Wat we maar bedoelen te zeggen: het idee dat ons hedendaagse kapitalisme tot concurrentie en competitie tussen bedrijven leidt, is maar gedeeltelijk waar. De grote sterren verdrukken de satellieten, en zonder de dwingende hand van de overheid is er niemand die hier iets aan kan veranderen.[38] Wie kijkt naar de huidige arbeidsmarkt ziet dat het eenrichtingsverkeer is. Tijdens een kop koffie met onderzoeksjournalist Jeroen Smit over deze ontwikkeling liet hij er geen misverstand over bestaan waarnaar we op weg zijn, als we de markt volledig haar gang laten gaan: 'Dan telt de wereld over twintig jaar 10 000 miljardairs, en is de rest van ons dag en nacht aan het werk om hun rijkdom te vergroten.' Toch hoeft het niet zo te gaan, getuige twee uitzonderlijke voorbeelden van de vuist die handige vakbondsbestuurders hebben gemaakt.

PostNL krabbelt terug

Wie mijn vorige boek heeft gelezen, kent de bijzondere band die ik (Sander) heb met de voormalige PTT, dat nu PostNL heet. Van mijn zestiende tot mijn twintigste (1998-2002) werkte ik parttime als postbode en chauffeur voor PTT Post, toen nog een van de sociaalste bedrijven van het land. Personeel mocht na veertig dienstjaren met pensioen, wat voor veel postbodes betekende dat ze ruim voor hun zestigste verjaardag mochten stoppen. De pensioenpremie werd bovendien geheel betaald door de werkgever. En ook parttimekrachten zoals ik vielen gewoon onder de cao, inclusief vijf weken doorbetaalde vakantie per jaar. De PTT is in die jaren een geweldig bedrijf om voor te werken. En dus reageer ik direct als ik op een zomerse junidag in 2013 het bericht krijg dat er iets gaande is bij een distributiecentrum in Amsterdam-West. 'Ik zou maar even gaan kijken als ik jou was.'

Op die zomerdag in 2013 bij het Amsterdamse verdeelcentrum van PostNL wint de woede het van de wet. Zonder vooraankondiging en zonder overleg met de vakbonden

– geen van de chauffeurs is lid – zetten ze spontaan hun bussen stil. Je kunt je afvragen in hoeverre de actie juridisch geoorloofd is. Als zelfstandige ondernemers is het de pakketbezorgers conform de kartelwetgeving helemaal niet toegestaan om samen een vuist te maken. Maar het feit dat de bonden de actie niet hebben georganiseerd, betekent niet dat ze zich afzijdig houden. FNV-bestuurder Egon Groen probeert al enige tijd voet aan de grond te krijgen bij de chauffeurs. Zijn doel is simpel: in de traditie van de vakbond chauffeurs uitleggen dat ze hun situatie niet hoeven te accepteren. Als de spontane staking uitbreekt, krijgt Groen een seintje. Voordat Groen zelf in de auto stapt, stuurt hij mij een sms'je. Hij is niet van plan om de wilde staking ongemerkt voorbij te laten gaan.

Ik spoed mij ter plaatse en ben er getuige van hoe een groep van ongeveer tachtig chauffeurs het verdeelcentrum van PostNL met hun bussen hebben geblokkeerd; ze weigeren nog maar één pakket te bezorgen. Alle stakers die ik aanspreek vertellen mij hetzelfde verhaal. Ze zijn door PostNL verleid om als eigen baas te werken. Ze zouden een goede boterham kunnen verdienen in de snelgroeiende pakkettenmarkt. Niemand zou hen tijdens het werk op de vingers kijken, en het aantal pakketten zou alleen maar toenemen. Het enige wat ze hiervoor hoefden te doen was zich inschrijven bij de Kamer van Koophandel en een bus leasen. Maar in de wervingscampagne was er niet bij gezegd dat niet de bezorgers, maar PostNL de zoete vruchten van die groei zou gaan plukken. Het aantal pakketten nam weliswaar toe, maar PostNL zou de chauffeurs nooit meer dan 3600 tot 4000 euro bruto omzet geven – wat na aftrek van alle kosten neerkomt op maximaal 1800 euro netto per maand. Zonder pensioenopbouw. Zonder doorbetaling bij ziekte, of tijdens vakanties. En zonder arbeidsongeschiktheidsverzekering.

Ik ben getuige van een poging van inkoopdirecteur Laurens Tuinhout om zijn beleid te verdedigen. 'Nu het aantal pakketten toeneemt,' zegt Tuinhout, 'is het logisch dat we een lager bedrag per pakket betalen.' Zo gaat dat in het transport, legt hij mij later uit. Een staker onderbreekt hem. 'Luister niet naar die aasgieren,' schreeuwt hij. 'Ze hebben schijt aan ons, ze gunnen ons geen cent.' Geen van de bezorgers die ik spreek voelt zich nog ondernemer. 'Dit is moderne slavernij,' zegt de stakingsleider tegen iedereen die het maar horen wil. Ik kan er weinig tegen inbrengen. Door al die extra pakketjes maken de bezorgers steeds langere dagen om dezelfde omzet te genereren. Bovendien: als PostNL krimpt, kan het kosteloos van de chauffeurs af. Een van de stakingsleiders weet wel een oplossing: 'Als PostNL onze bussen zou kopen en ons in dienst zou nemen, zou iedereen direct tekenen.'[39]

Na zijn speech spreek ik Tuinhout aan: 'Het is duidelijk dat ik ons standpunt niet uitgelegd krijg aan de chauffeurs,' vat hij het effect van zijn optreden samen. Dan zegt hij iets opvallends: 'Het is lastig onderhandelen door de afwezigheid van een vakbond.' Natuurlijk leg ik deze uitspraak voor aan Egon Groen, die zich direct opwerpt als onderhandelaar, maar wel op één voorwaarde. De gesprekken moeten gaan over wat Groen 'het failliet van het subcontractermodel' noemt.

I FANTOOMGROEI

Op het eerste gezicht is de strijd van kleine zelfstandige pakketbezorgers tegen de beursgenoteerde multinational PostNL een volstrekt ongelijke. Maar de pakketbezorgers hebben twee machtige wapens in handen. Individueel mogen ze dan makkelijk inwisselbaar zijn, als groep zijn ze onmisbaar. Na de spontane actie in Amsterdam, blijkt de actiebereidheid in de rest van het land bijzonder groot. Als de chauffeurs zich zouden verenigen, zouden ze de inkomstenstroom van PostNL keihard kunnen afknijpen. Ten tweede hadden de pakketbezorgers de sympathie van de publieke opinie. Anders dan de inkopers op het hoofdkantoor, kijken wij burgers de pakketbezorgers voortdurend in de ogen. Voor de gemiddelde consument is de pakketbezorger het gezicht van PostNL. Het beeld dat de jongens en meisjes die onze op internet gekochte spullen thuisbezorgen aan alle kanten worden afgeknepen, is uiterst schadelijk voor de reputatie van PostNL. We weten niet welk argument het zwaarst heeft gewogen in de bestuurskamer van PostNL, feit is dat topvrouw Herna Verhagen in het voorjaar van 2016 alle pakketbezorgers een dienstverband heeft aangeboden.[40] Dit succes van de pakketbezorgers is geheel hun eigen verdienste. Met slechts tachtig man hebben de pakketbezorgers een kettingreactie ontketend die in amper drie jaar heeft geleid tot een doorbreking van de toenmalige status quo.

Zo spontaan als de acties van de pakketbezorgers, zo planmatig gingen de bonden te werk toen ze tussen 2010 en 2012 op de barricaden sprongen voor de schoonmakers. En ook hier bleek de onderhandelingspositie van de werknemers sterker dan ze zelf op voorhand hadden durven dromen.

Het leger van onzichtbaren

Het is onstuimig weer als ik (Sander) mij op 6 januari 2012 naar een parkeerterrein in Duivendrecht begeef. Ik zie hoe vakbond FNV busladingen vol schoonmakers aanvoert, die zich gekleed in fluorescerende gele hesjes opmaken voor een Mars van Respect over de straten van Amsterdam. De route loopt via de Utrechtse Brug, door een chique winkelstraat in Amsterdam-Zuid, naar het hoofdkantoor van Philips.

De schoonmakers noemen zichzelf het 'leger van onzichtbaren'. Terwijl windvlagen en slagregens op de actievoerders inbeuken, wachten ze geduldig op het startsein van hun commandant, Ron Meyer. De dan pas dertig jaar oude vakbondsbestuurder heeft 2500 man op de been gebracht om een statement te maken tegen zowel multinationals als ING en Philips als overheidsinstanties zoals het ministerie van Sociale Zaken.

De bonden en de werkgevers in de schoonmaak zijn in 2012 al jaren aan het bakkeleien over de arbeidsvoorwaarden van schoonmakers. Deze zijn ronduit slecht. Het salaris is nauwelijks hoger dan het wettelijk minimumloon. Ze krijgen geen reisvergoeding en moeten hun werk vaak in de randen van de dag uitvoeren. Dus 's ochtends vroeg en 's avonds na kantooruren. Al twee jaar voor de Mars van Respect heb ik met eigen ogen mogen aanschouwen hoe abominabel zelfs de meest basale arbeidsomstandigheden van de schoonmakers zijn. Op uitnodiging van de bonden bracht ik een bezoek aan de kantine die de NS de schoonmakers van station Amsterdam Centraal ter beschikking hadden gesteld om te lunchen en zich na werktijd op te frissen: een vochtige, bedompte ruimte zonder ramen, in de krochten van het station. Iedere vorm van ventilatie ontbrak en de schimmel stond op de muren. Ik weet nog precies wat ik toen dacht: ik zou onmiddellijk ontslag nemen als mijn werkgever mij zo zou behandelen.

De schoonmaakbazen hebben echter een haast onmogelijke positie. De concurrentie in de markt voor schoonmaakbedrijven is moordend, en inkopers van bedrijven en overheidsdiensten worden afgerekend op de hoogte van de prijzen die ze weten te bedingen bij hun toeleveranciers. Als ze een te hoge prijs vragen bij aanbestedingen verliezen ze hun opdrachten. Maar omdat bedrijven steeds minder betalen voor schoonmaakwerk, kunnen ze aan de cao-tafel niets betekenen voor hun personeel.

Ron Meyer besluit het in 2010 daarom over een andere boeg te gooien. In plaats van in cirkels te blijven praten aan de cao-tafel, richt hij zijn pijlen op de opdrachtgevers van schoonmaakwerk. In 2010 zijn met name de NS en Schiphol aan de beurt. Meyer laat zijn achterban het werk maandenlang neerleggen, met enorme consequenties. De stations vervuilen in hoog tempo, al snel wemelt het van het ongedierte. Als de brandweer op het punt staat enkele grote stations te sluiten vanwege brandgevaar, stuurt het spoorbedrijf eigen kantoorpersoneel de perrons op om de boel schoon te maken. De strategie werkt. Bij Schiphol en de NS voelen ze de waarde van het schoonmaakwerk, en de bedrijven sluiten een convenant voor maatschappelijk verantwoord opdrachtgeverschap. Het komt er kortweg op neer dat als de schoonmaakbedrijven instemmen met een loonsverhoging, zij bereid zijn betere tarieven te betalen. Na de successen bij de NS en op Schiphol verlegt Meyer de strijd in 2012 naar andere grote bedrijven die eveneens maximaal beknibbelen op hun schoonmaakkosten. Op die bewuste januaridag in 2012 is Philips aan de beurt, omdat de top van het bedrijf in 2011 voor 3 miljoen euro aan bonussen zou hebben verdeeld, terwijl er tegelijk 1,6 miljoen euro werd bespaard op de schoonmaakkosten.[41]

Meyer boekte successen met de schoonmakers: ieder jaar een paar procent loonsverhoging, doorbetaling bij ziekte en een reiskostenvergoeding. Maar minstens zo belangrijk voor de schoonmakers was hun eis voor respect. Ze wilden maatschappelijke erkenning voor het belangrijke werk dat ze leveren. Af en toe een vriendelijk bedankje van het kantoorpersoneel, wiens troep ze elke dag opruimen. Door acties als bij Philips, zo hebben verschillende schoonmakers mij verzekerd, hebben ze dat gekregen.

Blauwdruk?

Rutte wil terug naar een wereld waarin werkgevers op basis van ongeschreven afspraken de lonen van werkenden laten meestijgen met de economische groei. Precies zoals het tussen pakweg 1945 en 1980 ook ging. Maar hij gaat eraan voorbij dat de wereld van werk fundamenteel is veranderd. De mechanismen die vakbonden in staat stelden om loonsverhogingen af te dwingen, zijn systematisch ondergraven. De algehele tendens is dat de werkende mens steeds meer verwordt tot een individuele ondernemer, die zich in een voortdurende competitie met anderen het schompes werkt voor zijn bestaansrecht. De onderneming waar ze direct of via een keten indirect voor werken, is verworden tot een winstmachine. Door de vermenging van politiek en bedrijfsleven, verliest de overheid haar grip op de economie en is ze steeds minder in staat om bij te sturen. Juist nu inmenging zo hard nodig is om de samenleving naar een groene toekomst te kunnen bewegen. En hoewel schoonmakers en pakketbezorgers een vuist maakten, is het toch lastig om op basis van hun successen een blauwdruk te ontwikkelen om verdrukte beroepsgroepen in andere sterrenstelsels eenzelfde podium te geven.

We hebben zo onderhand een behoorlijk goed idee gekregen van waarom onze inkomens zelfs in de dagen van hoogconjunctuur tussen de vorige en de huidige crisis nauwelijks zijn gestegen. Maar onze nieuwsgierigheid is hiermee nog niet bevredigd. Op dit punt in onze zoektocht hebben we nog geen begin van een idee over hoe we het tij structureel kunnen keren. We begrijpen evenmin waarom een grote meerderheid van zowel het electoraat als de volksvertegenwoordiging zo weinig oog heeft voor fantoomgroei. Waarom accepteren we de fundamentele ongelijkheid binnen onze samenleving zo gemakkelijk?

Het is ons niet ontgaan dat vrijwel alle trends die we onderzoeken hun oorsprong vinden tussen 1980 en 1990. Dit geldt voor het begin van de ontmanteling van Philips. Voor het begin van de verschuiving van vast werk naar flexibele banen via uitzendbureaus. En voor de grafieken van de Rabobank, die ons op het spoor van fantoomgroei hebben gezet. Als je maar diep genoeg graaft in al deze onderwerpen, voeren ze ons allemaal terug naar een periode waarover ons altijd is verteld dat de Nederlandse polder haar hoogtijdagen beleefde: het jaar 1982. Geen van ons heeft dit jaar bewust meegemaakt. Ik (Hendrik) ben geboren in 1991 en ken de jaren tachtig slechts van oubollige tv-fragmenten en uit geschiedenisboeken. Ik (Sander) ben in de zomer van dat bewuste jaar 1982 geboren. Van het nieuws uit die tijd heb ik slechts een paar vage herinneringen; de kernramp bij Tsjernobyl in 1986, het EK voetbal van 1988 en de val van de Berlijnse Muur in 1989. En toch lopen we allebei lang genoeg mee in de polder om te weten welke haast mythische proporties worden toegeschreven aan een slechts twee pagina's tellende overeenkomst die op 24 november 1982 werd gesloten in de villa van werkgeversvoorman Chris van Veen: het Akkoord van Wassenaar.

In Wassenaar tekende de vakbeweging vrijwillig voor loonmatiging; in hoofdstuk 1 zagen we al hoe de gemiddelde Nederlandse werknemer sindsdien zijn loon nauwelijks meer heeft zien stijgen. In dit hoofdstuk hebben we laten zien waarom de vakbonden nauwelijks nog een vuist kunnen maken tegen werk- en opdrachtgevers en hebben we blootgelegd hoe de focus van collectieve waarde is verschoven naar individuele winstmaximalisatie, ofwel van langetermijnwaarde naar kortetermijnwinst. Waarom hebben de vakbeweging en de Partij van de Arbeid, die toen nog machtsfactoren van belang waren, niet aan de noodrem getrokken? Om dit te begrijpen, keren we terug naar de hoogtijdagen van de Nederlandse sociaaldemocratie. Om precies te zijn naar de werkkamer van premier Joop den Uyl, in het jaar 1976.

II
De stille revolutie

'Beware the stories you read or tell; subtly, at
night, beneath the waters of consciousness,
they are altering your world.'
Ben Okri

3
De hogepriester van de Nederlandse economie

Premier Joop den Uyl weet niet wat hij ziet, wanneer hij op 13 januari 1976 het NRC *Handelsblad* openslaat.[1] Het premierschap van Den Uyl is dan al goeddeels in het teken komen te staan van de twee oliecrises, die hevige gevolgen hebben voor de wereldwijde economie. De Nederlandse industrie – destijds nog de banenmotor – krijgt rake klappen. De economische groei dreigt stil te vallen, terwijl de inflatie oploopt, net als het begrotingstekort. In de krant leest de premier die dinsdag een ingezonden open brief aan zijn adres, ondertekend door de topmannen van AKZO, AMRO Bank, Nationale Nederlanden, Philips, RSV, Unilever, Stork, Hoogovens en Shell. Ze roepen de premier in de krant openlijk op om meer oog te hebben voor de noden van het bedrijfsleven. Volgens de directeuren stelt de premier bedrijven ten onrechte in een kwaad daglicht en heeft hij geen oog voor de hoge (loon)kosten van ondernemingen.[2]

De brief, opgesteld op initiatief van Shell-directeur Gerrit Wagner, is niets minder dan een poging om de premier via de krant onder druk te zetten om in te stemmen met een verlaging van de lonen, om zo de sluimerende economische malaise het hoofd te bieden. De directeuren keren zich met de brief openlijk tegen de economische aanpak van de premier. De toch al broze relatie tussen Den Uyl en de werkgevers is na de brief definitief verziekt.[3] In zijn wereldbeeld dient het bedrijfsleven bovenal dienstbaar te zijn aan de samenleving, en niet andersom. Die tegengestelde zienswijzen blijken onverenigbaar.[4] Een antwoord op de brief blijft dan ook uit.

Den Uyl weet de tijdgeest aan zijn zijde. Het zijn de jaren waarin de eerste naoorlogse generatie volwassen wordt. Anders dan hun ouders zijn deze babyboomers veel minder geneigd om te stemmen langs de aloude lijnen van de verzuiling. De populaire jeugdcultuur, verspreid via kleurloze gestencilde tijdschriftjes en krakende radioverbindingen, is doordrenkt van idealen over wereldvrede, gelijkheid en solidariteit. Het is dan ook geen toeval dat de PvdA-leider de verkiezingen van 1973 met grote overmacht heeft gewonnen. Met drieënveertig zetels zijn de sociaaldemocraten veruit de grootste partij in het parlement. Den Uyl is een klassieke sociaaldemocraat, gevormd tijdens glorieuze jaren. Hij deinst er niet voor terug om belastingen voor de rijken te verhogen. Zijn belofte om kennis, macht en inkomen voortaan eerlijker te spreiden, bezorgt hem het Torentje. Toch is de brief van de grote werkgevers niet zinloos. In het Torentje mag dan geen behoefte zijn aan de ongevraagde adviezen van de grote werkgevers, een paar honderd meter verderop, op het ministerie van Economische Zaken, raakt de brief wel degelijk een gevoelige snaar. De jonge minister van Economische Zaken heeft er ronduit de pest in dat de verhouding tussen het kabinet en het bedrijfsleven onder Den Uyl zo verslechtert.[5]

Den Uyl heeft tijdens de formatie in 1973 ingestemd met de benoeming van een vierendertigjarig talent van de Katholieke Volkspartij als minister van Economische Zaken: Ruud Lubbers. Hij zal samen met de secretaris-generaal van het ministerie van Economische Zaken, Frans Rutten, een cruciale rol gaan spelen in de omwenteling die Nederland op het punt staat om door te maken.

We zijn in het voorjaar van 2019 behoorlijk ingelezen in de wetenschappelijke literatuur over de sociaaleconomische geschiedenis van Nederland in de jaren tachtig, wanneer we in de krant lezen dat oud-topambtenaar Frans Rutten is overleden. Een van de specialisten op het gebied van deze periode is politicoloog Merijn Oudenampsen. We weten dan al, mede dankzij zijn werk, dat Rutten van groot belang is geweest om de geesten in zowel politiek Den Haag als binnen de polder klaar te stomen voor het Akkoord van Wassenaar.[6] Hij was een man met zeer sterke ideeën; en niet alleen over de economie, zo ontdekten we.

Het 'wonder' van Garabandal

De zon staat laag aan de Noord-Spaanse hemel als Frans Rutten een laatste keer vol verwachting naar boven kijkt. Het is 11 april 2002, een paar minuten voor half negen. Op basis van een wonderlijke mix van Bijbelstudie, theologische analyse en berekeningen, denkt Rutten de terugkeer van Jezus te kunnen voorspellen.[7] De Heiland keert, aldus Rutten, uiterlijk in 2010 terug op aarde. Maar niet voordat de hemelse vader de aardse gelovigen zal trakteren op een 'Wonderlijke Klaroenstoot', over twee minuten, hier in het Spaanse dorpje San Sebastián de Garabandal. Al met al zal het wonder een kwartier duren.[8] In deze vijftien minuten zullen alle naar Garabandal afgereisde zieken genezen en zullen ouderen hernieuwde energie voelen stromen door hun knokige lijven. Buiten Garabandal ziet de toekomst er die voorjaarsdag in 2002 aanzienlijk minder vrolijk uit, aldus de profetie van Rutten. Daar wacht de Grote Kastijding. In Nederland heeft het 'moreel verval' hard toegeslagen. Met zijn kern van ware gelovigen plant hij het zaadje voor een kleine nieuwe kerk.[9]

De komst van Rutten en zijn volgelingen roept herinneringen op aan vervlogen tijden bij de driehonderd inwoners van het Spaanse bergdorpje. Nadat vier schoolmeisjes in de jaren zestig beweerden te zijn bezocht door de aartsengel Michaël, is het dorp van tijd tot tijd een bedevaartsoord geweest. Amerikanen, Nederlanders, Duitsers, Britten; alles hebben ze voorbij zien komen. De verschijning van Michaël werd een verdienmodel op zich. De familie van een van de meisjes heeft zelfs een hotel opgericht om de pelgrims te ontvangen, maar veel klandizie had het hotel de laatste jaren niet meer. Toen duidelijk werd dat de paus de verschijning van de aartsengel niet zou erkennen, nam het aantal pelgrimages snel af. Gelovigen verkiezen voor hun bedevaart nu eenmaal liever het toneel van een erkend wonder. Tot 'el profesor holandés' begin 2001 belde. Via de krakerige verbinding vroeg hij of hij een kamer kon reserveren bij het lokale pension. Niet voor volgende week of de maand erop, maar voor een jaar later. De hotelier dacht even dat hij in de maling werd genomen. Reserveren voor een jaar later is prima, antwoordde hij bars, maar dan wel nu alvast betalen.[10] Licht beledigd stemde Frans Rutten in. Hij was tenslotte bloedserieus.

Rutten verschijnt een jaar later met tweehonderd gelovigen in Garabandal. Het gros van zijn volgelingen is oud, ziek, gehandicapt, of allemaal tegelijk.[11] Ieder van hen zoekt naar verlossing. Maar het einde van het liedje laat zich raden; behalve een venijnige regenbui gebeurt er die dag niets in de Noord-Spaanse bergen. Het beloofde wonder blijft uit. Sommigen volgen Rutten misschien vanaf het begin tegen beter weten in. Zoals zijn eigen echtgenote, die weinig fiducie heeft in de voorspellende vermogens van haar man. Maar de meesten delen het rotsvaste geloof in de benadering van hun katholieke goeroe.[12] Hij is tenslotte niet de eerste de beste. Frans Rutten zwaaide als topambtenaar van 1973 tot 1990 als secretaris-generaal de scepter over het ministerie van Economische Zaken, om vervolgens te worden geïnstalleerd als voorzitter van de Wetenschappelijke Raad voor het Regeringsbeleid en hoogleraar macro-economische politiek aan de Erasmus Universiteit. Maar bovenal was Rutten de architect van het economische beleid van de kabinetten die Ruud Lubbers zou gaan leiden.

In de schaduw van Den Uyl

Als Frans Rutten in 1973 wordt aangesteld als de hoogste ambtenaar op het ministerie van Economische Zaken, kan niemand bevroeden dat hij er samen met vooraanstaande captains of industry in zal slagen de loonkosten in Nederland significant te verlagen. Hijzelf wellicht ook niet. Onder Den Uyl krijgt Rutten nog weinig ruimte om het beleid naar zijn hand te zetten. De linkse premier heeft het volk een belofte gedaan en gaat door roeien en ruiten om deze in te lossen. Juist deze economische ideeën stuiten Frans Rutten tegen de borst. Hij spreekt zich bij zijn aantreden in 1973 niet openlijk uit tegen de koers van het kabinet, maar in zijn afscheidsbundel schrijft hij over deze periode: 'Den Uyl hield omineuze speeches waarin de functie van de markteconomie werd gebagatelliseerd.'[13] Tegen het einde van zijn loopbaan laat hij in dagblad *Trouw* optekenen waar de feitelijke macht in Nederland ligt: 'Toen ik secretaris-generaal werd op Economische Zaken zei een collega op Financiën: "Frans, het enige wat je nodig hebt is een secretaresse die voor je typt en verder maken jij en ik samen het financieel-economisch beleid van Nederland wel, daar hebben we niemand anders voor nodig."'[14]

Tijdens de regeerperiode van Den Uyl werken Rutten en Lubbers desalniettemin vier jaar lang samen aan het beleid. De twee hebben veel met elkaar gemeen: ze zijn beiden geschoold als economen en belijdend katholiek. Bovendien zijn het generatiegenoten; Lubbers en Rutten zijn bij hun aantreden in 1973 succesvolle dertigers die zich in sneltreinvaart een weg door de rangen naar de top van respectievelijk hun partij en ministerie hebben gebaand. In de schaduw van het meest linkse kabinet dat Nederland ooit had, ontstaat een band die Nederland later ingrijpend zal veranderen.

De geboorte van een orakel

Omineuze speeches of niet, de kiezer vindt het prachtig. Na vier jaar regeren wordt Den Uyl in 1977 beloond met een verkiezingswinst van maar liefst tien zetels. Met drieënvijftig zetels in het parlement hoopt de PvdA het land nog verder naar links te trekken. De sociaaldemocraten zijn op dat moment de grootste partij ooit in de Nederlandse parlementaire geschiedenis. Het blijkt aan de formatietafel echter weinig waard. Den Uyl betaalt een hoge prijs voor de jarenlange polarisatie tussen hem, de christelijke partijen en de werkgevers. Liever dan als bijwagen te dienen in een tweede kabinet-Den Uyl, eist KVP-leider Dries van Agt het premierschap voor zichzelf op. De VVD is maar wat graag bereid om Van Agt aan de benodigde meerderheid te helpen. De PvdA wordt buiten de coalitie gehouden en zo belandt Joop den Uyl, op het hoogtepunt van de populariteit van de Partij van de Arbeid, gewoon in de oppositiebankjes.

In deze periode verschijnt Frans Rutten steeds meer op de voorgrond. Rutten verwerft onder andere faam met zijn jaarlijkse nieuwjaarsessays voor het vakblad *Economische Statistische Berichten* (ESB), die langzaam de status van 'alternatieve troonrede' verwerven.[15] Daarin trakteert hij het land bij herhaling op een gitzwart toekomstvisioen. In zijn eerste artikel voorspelt hij de grote problemen waar de Nederlandse economie in de jaren zeventig tegenaan zal lopen. Om kort te gaan: tegen het einde van de jaren zeventig gaat de Nederlandse economie volgens Rutten gebukt onder een dure publieke sector en een overbetaalde beroepsbevolking.[16] Latere artikelen uit hetzelfde blad hebben titels als 'Economie in mineur', 'De nationale economie in groot gevaar' en 'Het keren van de afbraak'.

Rutten presenteert in zijn vele pleidooien ook een steeds explicietere oplossing: het kabinet dient de economie stevig te saneren door de overheidsuitgaven substantieel te verkleinen en de vakbonden moeten hun looneisen matigen. Beleid moet zich richten op primaire taken in plaats van in allerlei markten te interveniëren.[17] In feite pleit Rutten hiermee voor een totale omkering van het economisch beleid in Nederland. Waar de overheid economische crises steeds had bestreden met extra uitgaven, wil Rutten tegen het einde van het decennium de crisis te lijf met bezuinigingen. En waar de vakbonden in het leven zijn geroepen om te strijden voor hogere lonen, wil Rutten ze gebruiken als instrument om draagvlak te creëren voor loonmatiging.[18]

Net als bij zijn religieuze profetie in 2002 baseert Rutten zich eind jaren zeventig op complexe modellen. Het levert hem in latere jaren stevige kritiek op, onder meer van de hoogleraar economie die zijn promotie begeleidde, SER-kroonlid Dirk Schouten. Deze stelt dat Rutten zijn bronnen veel te selectief kiest en tot onrealistische conclusies komt.[19] Maar eind jaren zeventig maken de uitspraken van Rutten grote indruk. De voorspellingen van de topambtenaar lijken namelijk waarheid te worden wanneer de economie in 1980 daadwerkelijk in recessie raakt. In datzelfde jaar nemen kranten zijn uitspraken over op hun pagina's. NRC *Handelsblad* plaatst zelfs een samenvatting van een van zijn artikelen.[20] Het levert hem bijnamen op als 'het Orakel van Den Haag' en 'de hogepriester van de Nationale Economie'.[21] Bij zijn afscheid in 1990 windt de redactie van 'zijn' ESB er geen doekjes om: 'De "machtigste ambtenaar van Den Haag" verlaat de burelen [...] Hij heeft die functie zeventien jaar bekleed en in die tijd vijf ministers en negen staatssecretarissen versleten. Politici komen en gaan, de ambtenaar blijft bestaan.'[22]

Alle latere bijnamen ten spijt, aanvankelijk vinden de politieke ideeën van de topambtenaar weinig ingang bij het kabinet. Als de KVP'er (een van de voorlopers van het CDA) Dries van Agt het stokje overneemt van Den Uyl, negeert hij de economische agenda van Rutten simpelweg. De voorstellen van Rutten betekenen zo'n radicale breuk met de politiek-economische status quo die de Nederlandse economie er na de oorlog weer bovenop heeft gebracht, dat ook het centrumrechtse kabinet-Van Agt terugdeinst om die maatregelen zomaar uit te voeren.[23] Tegelijk zijn vriend en vijand het er tegen het einde van de jaren zeventig over eens dat Nederland een fundamenteel probleem heeft. Nederland is in 1980 een industriestaat in verval en er moet iets gebeuren. De fabrieken die tijdens de jaren van wederopbouw nieuwe welvaart hebben gecreëerd, zijn hopeloos verouderd. Nieuwe economische grootmachten als Japan kunnen beter, sneller en efficiënter produceren. De werkloosheid loopt op, net als de inflatie. Nederland dreigt haar internationale concurrentiepositie te verliezen. Uiteindelijk wordt het gevoel van crisis zo alom ervaren, dat het de weg vrijmaakt voor radicaal nieuwe ideeën over de economie.

Walsen met Wagner

Het is 1980 als de Wetenschappelijke Raad voor het Regeringsbeleid (WRR) het langverwachte rapport *Plaats en toekomst van de Nederlandse industrie* publiceert. De diagnose van de WRR over de staat van de Nederlandse industrie leidt tot weinig discussie: die is slecht. Miljardeninvesteringen zijn noodzakelijk om de industrie weer op te poetsen.[24] *NRC Handelsblad* kopt: 'Onheilsboodschap, Nederlandse industrie naar dieptepunt'.[25]

De Raad presenteert oplossingen waarin een grote en actieve rol voor de overheid is weggelegd, in lijn met de naoorlogse traditie.[26] De opsteller van het rapport herinnert zich later in een interview dat dit 'stuitte op heftige weerstand bij het Ministerie van Economische Zaken, en vooral bij de toenmalige secretaris-generaal Rutten, die EZ als een paus bestierde.'[27]

En dan gebeurt er iets interessants: de verantwoordelijkheid om nieuwe oplossingen te presenteren om uit de crisis te komen, wordt weggehaald bij de onafhankelijke WRR en binnen de muren van het ministerie van Economische Zaken geplaatst. Lubbers is tegen die tijd al gepromoveerd tot fractievoorzitter van het CDA, maar Rutten is nog altijd de hoogste ambtenaar op dat ministerie. Het is dus aan hem en zijn ambtenaren om een commissie van wijzen te formeren die plannen moeten maken om de Nederlandse economie te revitaliseren. De ambtenaren diepen hierop het nummer van een oude bekende op; de inmiddels voormalig topman van Shell, Gerrit Wagner. Den Uyl mag dan woedend zijn geweest op de initiatiefnemer van 'de brief van negen', Rutten herkent een geestverwant in de gewezen Shell-topman. En zo wordt Wagner benoemd tot voorzitter van de speciale commissie die overwegend wordt bevolkt door vertegenwoordigers van het (grote) bedrijfsleven, aangevuld met een tweetal vakbondseconomen. Zelf ondersteunt Frans Rutten actief het werk van de adviescommissie.[28] De verslaglegging, uitwerking en ambtelijke ondersteuning van de groep wordt verzorgd door Rutten en de Rutten-boys, zoals de secretaris-generaal zijn protegés op het ministerie graag noemt.[29] (De term is een verwijzing naar de Chicago Boys. Dit was een groep Chileense economen die in Chicago werden opgeleid door de econoom Milton Friedman, en die later in de jaren zeventig een discutabele rol speelden in de Chileense revolutie als de architecten van het neoliberale economische beleid van dictator Augusto Pinochet.)[30]

De aanbevelingen waar de commissie-Wagner uiteindelijk mee op de proppen komt, luiden het begin van een nieuw tijdperk in. Onder de noemer *Naar een nieuw industrieel elan* pleit Wagner voor een waaier aan maatregelen die tot dan toe ondenkbaar waren in het progressieve Nederlandse politieke klimaat. Van loonmatiging tot de verlaging tot het financieringstekort en het staken van de staatssteun aan noodlijdende bedrijven. En de facto is het ook een pleidooi voor het verlagen van de uitkeringen, forse bezuinigingen op de publieke sector en het schrappen van een groot aantal wetten en regels voor bedrijven.[31] Links Nederland beschouwt het rapport als een 'poging tot staatsgreep'.[32] Wagner ziet het anders: 'Ik denk dat de overheid ons te hulp riep, omdat de richting waarin gewerkt moest worden politiek zeer omstreden was.'[33] Hoe omstreden blijkt nog eens als we de reactie van het kabinet-Van Agt erop naslaan. De aanbevelingen worden resoluut terzijde geschoven.[34]

Ook economen reageren met wisselend enthousiasme op de inhoud van het rapport. Zo voorziet Arnold Heertje het risico van fantoomgroei, al formuleert hij het dan nog anders: 'De commissie-Wagner [heeft] zich vooral beziggehouden met de vraag hoe de winstcapaciteit van het bedrijfsleven kan worden vergroot [...] Op de langere termijn is ook het antwoord op de vraag van belang, wat met de eventuele winsten wordt gedaan.'[35]

De werkgevers zijn daarentegen razend enthousiast over het werk van Wagner.[36] Logischerwijs voelen zij dat de nieuwe ideeën in hun voordeel zullen werken. In het jaarverslag van 1981 noemt het Verbond van Nederlandse Ondernemingen (VNO) het 'een moedig en stoutmoedig plan, wat volledig tot uitdrukking zou moeten komen in het regeringsbeleid'.[37] Een paar maanden later gaan ze nog een stapje verder. Refererend aan het rapport van Wagner, doopt werkgeversorganisatie VNO het voorjaarscongres van 1982 'Ruimte voor elan'. Het congres besluit in hun Haagse lobby volop in te zetten op het schrappen van tal van maatregelen, die het kabinet ooit nam om de rechten van werknemers beter te beschermen.[38] Ze hebben naar eigen zeggen meer ruimte voor elan nodig, omdat wet- en regelgeving hun ondernemerschap maar in de weg zitten. Het wachten is op een kabinet dat de voorstellen van Wagner wil overnemen.

De machtswisseling

De Partij van de Arbeid komt bij de verkiezingen van 1982 met zevenenveertig zetels opnieuw als overwinnaar uit de bus, maar de formatie loopt wederom uit in een sof. Ditmaal is het de nieuwbakken CDA-leider Ruud Lubbers die het premierschap voor zichzelf opeist. Achter de rug van de sociaaldemocraten om vormt hij een coalitie met VVD-voorman Ed Nijpels. De formatiebesprekingen vinden plaats op een plek die Lubbers maar al te vertrouwd is: het ministerie van Economische Zaken. Achter gesloten deuren nemen de Rutten-boys de prominente Kamerleden van CDA en VVD onder handen. De formateurs Lubbers en Nijpels worden door Rutten persoonlijk doordrongen van de noodzaak tot radicale ingrepen in de Nederlandse economie.[39] De rest is geschiedenis. De onderhandelaars formeren het eerste kabinet-Lubbers. De economische paragraaf van het regeerakkoord wordt deels overgenomen uit de aanbevelingen van de commissie-Wagner. Ook passages uit een eerder geheim memo van de hand van Rutten en drie mede-ambtenaren vertonen grote gelijkenis met het regeerakkoord van Lubbers I.[40] Het kabinet opent de markt voor uitzendbureaus, verlaagt het minimumloon, geeft bedrijven meer vrijheid om personeel tijdelijke arbeidscontracten te bieden en verlaagt uiteindelijk de lonen van ambtenaren met maar liefst 3 procent.[41]

Negen jaar na zijn eerste nieuwjaarsartikel als secretaris-generaal, ziet Frans Rutten zijn opvattingen eindelijk weerspiegeld in het Nederlandse economische beleid. Jaren later blikt hij in dagblad *Trouw* met genoegen terug op de formatie van het eerste kabinet-Lubbers. 'Toen eind 1982 Lubbers I aantrad, was de zaak al uitgedacht.'[42] Toch hebben Lubbers en Rutten nog een laatste horde te nemen om de voorgenomen plannen ook daadwerkelijk uit te voeren: de vakbeweging.

Het Akkoord van Wassenaar

Het regent wanneer de nog jeugdig ogende FNV-voorzitter Wim Kok in het najaar van 1982 in zijn auto stapt. Terwijl zijn ruitenwissers overuren maken om het water van zijn voorruit te vegen, stuurt hij zijn wagen naar de villa van werkgeversvoorman Chris van Veen in Wassenaar. De imposante verschijning van Kok – hij is lang, slank en heeft een volle bos zwart, golvend haar – kan niet verbloemen dat hij nauwelijks nog over de stukken beschikt om de werkgevers schaak te zetten.

De slechte economische situatie en pogingen van de kabinetten-Van Agt om te bezuinigen, hebben geleid tot een grimmige sfeer in de Nederlandse arbeidsverhoudingen. De bonden vreesden dat hun leden de hardste klappen te verwerken zouden krijgen in geval van grootschalige overheidssaneringen. Uit alle macht probeerden de vakcentrales hun achterbannen te mobiliseren, wat in eerste instantie nog leidde tot een stevige reeks aan stakingen en manifestaties.[43] Bekend is de grote bijeenkomst op 4 maart 1980 in de RAI in Amsterdam. De FNV kreeg van de gemeente geen toestemming op de Dam te verzamelen uit angst voor botsingen met de krakersbeweging. In plaats daarvan kreeg de vakbond het grijze congrescentrum aan de rand van de stad aangeboden; niet bepaald een gelukkige locatie voor een spetterend volksverzet. Vakbondsbestuurder Herman Bode sprak nog de legendarische woorden 'Willen we naar de Dam, dan gaan we naar de Dam!' En ze gingen.

Achteraf bleek de brutale optocht door de straten van Amsterdam een laatste hoogstandje van een organisatie in verval. Vakbondsleden waren niet blind voor de deplorabele staat van de fabrieken waarin ze werkten. De angst voor faillissement en baanverlies als gevolg van de crisis was al snel zo groot, dat de stakingsbereidheid vlug afkalfde. De ooit zo vitale vakbeweging hing als een moegestreden bokser in de touwen. Lubbers wist dit. Tegen een betrokkene zei hij: 'We moeten er maar een tijdlang dwars tegenin gaan. Er moet nu eenmaal gesaneerd worden en de vakcentrales zullen het toch wel nooit met ons eens worden. Maar een machtsfactor zijn ze niet, dus bang hoeven we niet te zijn.'[44] Lubbers besloot de druk op de vakbond maximaal op te voeren. Als de bonden niet zouden instemmen met loonmatiging, zou het nieuwe kabinet met een zogeheten looningreep eigenhandig de salarissen verlagen.[45]

Als Kok arriveert in de villa van werkgeversvoorman Van Veen besluit hij de koers van de vakbeweging radicaal te wijzigen. De vakbeweging gaat akkoord met bevriezing van de lonen, ook wel een nullijn genoemd. Dit was zeker in tijden van hoge inflatie een flinke klap voor de eigen achterban, die het besteedbaar inkomen zou zien teruglopen. In ruil daarvoor konden afspraken worden gemaakt over de mogelijkheden om parttime te werken: mensen met een baan gingen minder uren werken zodat er plekken zouden ontstaan voor werklozen.[46] Lubbers gaat op zijn beurt akkoord met de gemaakte afspraken en zijn kabinet schrapt de voorgenomen looningreep. Zowel Van Veen als Kok slaagt erin de eigen achterban mee te krijgen. Opvallend genoeg is er binnen de vakbeweging weinig resterend verzet. De massaontslagen boezemen angst in en niemand weet meer waar de uitweg is. Met de instemming van de vakbeweging zijn direct alle instituties die na de Tweede Wereldoorlog zijn opgericht om werknemers inspraak te bieden aan boord. De werknemersparticipatie in organisaties als de SER en de Stichting van de Arbeid verlopen tenslotte via de bonden. En voor zover de Partij van de Arbeid nog tegenstribbelde in 1982, was politiek-links met het aantreden van Wim Kok als partijleider in 1986 definitief aan boord.

Amper een jaar na de haast unanieme afwijzing van het eerste rapport van Wagner, heeft Nederland het nieuwe verhaal over de economie omarmd. Toch is het te kort door de bocht om te stellen dat de omarming van het nieuwe verhaal alleen een ommezwaai in het denken op links betrof. Het is evengoed een kentering op rechts geweest. We hebben gezien hoe Van Agt zich nog verzette tegen het gedachtegoed dat zijn opvolger Lubbers zo gretig omarmde. Bovendien is de kanteling in ons denken over de economie niet beperkt gebleven tot de torens van de bureaucratie. De aanbevelingen van de commissie-Wagner klinken ook nu nog alleszins redelijk in de oren. Loonmatiging, deregulering, begrotingsdiscipline. Het zijn termen waar hele generaties mee zijn opgevoed. En dat is geen toeval. Lubbers begreep in 1982 heel goed dat zijn beleid miljoenen Nederlanders pijn zou doen. Om de maatregelen te legitimeren, dokterde de premier een uitgekiende politieke strategie uit om de publieke opinie voor zijn kabinet(ten) te winnen.

Van Rutten naar Rutte

Ruud Lubbers doopt zijn beleid met het inmiddels befaamde credo 'no-nonsense'. Het is volgens hem pragmatisch, noodzakelijk en bovendien technisch, en staat dus eigenlijk los van de politiek. Lubbers presenteert de economie als een machine, voortgedreven door natuurwetten. Machines kun je maar op één manier repareren en Lubbers heeft uitgevogeld hoe.[47] Het is dezelfde technocratische benadering waarmee jaren later de Europese instituties, onder andere onder aanvoering van toenmalig minister van Financiën Jeroen Dijsselbloem, de eurocrisis te lijf proberen te gaan.[48]

In het buitenland worden de ontwikkelingen in Nederland in de jaren tachtig met een mix van verbazing en bewondering gevolgd.[49] Daar vindt men het, in tegenstelling tot de Nederlanders, allesbehalve apolitiek. Lubbers en Rutten hebben tenslotte de overheidsuitgaven gesaneerd. Onder hun leiding is de zware industrie deels gemoderniseerd, deels vervangen door een veel lucratievere dienstensector. De concurrentiepositie van Nederland is dankzij de afgesproken loonmatiging verbeterd. En dit alles is gebeurd in goed overleg met de vakbonden. Van veldslagen zoals op de straten van Parijs tussen de politie en de Gele Hesjes, is absoluut geen sprake.

Met het verstrijken van de jaren wordt het Akkoord van

Wassenaar gebombardeerd tot internationaal schoolvoorbeeld van hoe werknemers (en sociaaldemocraten) zich zouden moeten verhouden tot de economie. Werd er in de jaren zeventig nog misprijzend gesproken over de Nederlandse economische problemen als de *Dutch Disease* – de vondst van het aardgas had de gulden in waarde doen stijgen, waardoor de concurrentiepositie van de toch al verouderde Nederlandse industrie verslechterde –, in de jaren na Wassenaar spreken commentatoren over de *Dutch Miracle*.[50] In 1997 ontvangen de sociale partners voor hun harmonieuze overleg de prestigieuze Carl Bertelsmann-Preis.[51] In 1999 roemt Bill Clinton de Nederlanders en specifiek Wim Kok vanwege het feit dat Wassenaar het begin was van een nieuw politiek tijdperk waarin links en rechts elkaar vonden.[52] Volgens de overlevering introduceert hij Kok tijdens een conferentie met de fameuze woorden: 'Wim, you were the first!'[53] Zo verspreiden de ideeën van Wassenaar zich als een olievlek over de westerse wereld en krijgen ze navolging in Europa en de Verenigde Staten.

Het aanvankelijke succes van Lubbers straalt af op alle sleutelfiguren in deze saga. De CDA-premier houdt het twaalf jaar vol in het Torentje, om daarna uit eigen beweging en met opgeheven hoofd afscheid te nemen van de Haagse politiek. Andersom neemt politiek Den Haag nooit wezenlijk afscheid van de economische nalatenschap van Lubbers en zijn belangrijkste adviseur Rutten. En waarom zouden ze ook. Als de economie vanaf het midden van de jaren tachtig weer onverdroten begint te groeien, lijken alle profetieën van Rutten te zijn uitgekomen.

Wim Kok neemt in 1994 het premierschap over van Lubbers. Kok is na Wassenaar tot fundamenteel nieuwe inzichten gekomen over de economie. Waar hij zijn loopbaan ooit is begonnen als een klassieke sociaaldemocratische bondsbestuurder, heeft hij zich het denken van Lubbers tegen 1987 zo eigen gemaakt, dat hij tijdens een gloedvol betoog op een partijcongres zelfs publiekelijk afscheid neemt van de sociaaldemocratische beginselen waarop de partij is gebouwd. Het afschudden van de ideologische veren, noemt hij dat.[54] Kok ziet er bij de formatie van zijn eerste paarse kabinet in 1994 dan ook geen bezwaar in om een prominente Rutten-boy te benoemen als zijn minister van Financiën: Gerrit Zalm. Het paarse kabinet is nieuw in de zin dat zaken als euthanasie, de zondagsopening van winkels en andere ethische kwesties waar het CDA nooit over wilde praten, plots bespreekbaar worden. Veel kiezers ervaren de komst van paars als een ware bevrijding van de moralistische christelijke politiek.

Politiek betekent paars een bevrijding, maar economisch is paars toch vooral een voortzetting van Lubbers, maar dan in een nog hogere versnelling. Een nieuwe reeks aan privatiseringen en het schrappen van regels om bedrijven in toom te houden volgt.[55] De flexibilisering van de arbeidsmarkt wordt in deze periode officieel ingezet.[56] Loonmatiging blijft volgens de politiek hét instrument om de economie te stimuleren en zal in de jaren daarna met regelmaat weer op het toneel verschijnen. Kok pleit tot diep in de jaren negentig voor het bevriezen van lonen.[57]

Met de kennis van nu is het veilig om te stellen dat het denken van Rutten en Lubbers gemeengoed is geworden in de

Nederlandse politiek. Werkelijk alle politieke partijen die sinds 1982 hebben meegeschreven aan regeerakkoorden, inclusief de populistische bewegingen van wijlen Pim Fortuyn (in 2002) en Geert Wilders (in 2010), zijn gestoeld op de economische uitgangspunten die rond het Akkoord van Wassenaar ontstonden. Fortuyn bereidde zich in 2002 samen met de werkgevers zelfs concreet voor op het voeren van loonmatigingsbeleid, mocht zijn LPF na de verkiezingen gaan regeren.[58] En waarom ook niet? De no-nonsense-aanpak van Lubbers en Rutten heeft zich toch keer op keer bewezen? Zo groeide de economie van het toch al rijke Nederland sinds het Akkoord van Wassenaar met maar liefst 85 procentpunt.[59] Nooit eerder waren we als land zo rijk. Lubbers, en al zijn opvolgers, hadden economische groei tot doel op zich gemaakt in hun beleid. Op basis van dit cijfer kun je gemakkelijk redeneren dat politici en beleidsmakers het land een uitstekende dienst hebben geleverd.

Tegen het einde van zijn tweede kabinetsperiode in 2017 is Mark Rutte trots op de staat van Nederland. Net als Lubbers in 1982 treft Rutte bij zijn aantreden als premier in 2010 een economie in recessie aan. De val van de Amerikaanse zakenbank Lehman Brothers heeft de westerse wereld in de diepste crisis sinds de jaren dertig gedompeld. Onder leiding van Mark Rutte besluit het kabinet wederom het beproefde medicijn van Frans Rutten toe te passen. Er worden tientallen miljarden euro's bezuinigd op de zorg, infrastructuur en het onderwijs. Het ontslagrecht wordt versoepeld, de werkloosheidswet versoberd en de flexibilisering van de arbeidsmarkt komt in een stroomversnelling terecht. Lonen en pensioenen worden gematigd of bevroren. Consumenten zien het hoge btw-tarief stijgen van 19 naar 21 procent. Het lage btw-tarief stijgt in 2019 zelfs met 50 procent, van 6 naar 9 procent. En grote bedrijven? Die ontspringen grotendeels de dans, zoals de Algemene Rekenkamer in 2016 al rapporteert.[60] En zo betalen werknemers de prijs voor de crisis, terwijl de winsten en dividenden van het grote bedrijfsleven op peil zijn gebleven. Of, zoals we in hoofdstuk 1 zagen, zelfs zijn gegroeid. Van een afstandje lijkt de formule wederom succesvol. Sinds het dieptepunt van de crisis in 2013 is de economie tegen het aanbreken van 2020 alweer met ongeveer 12 procentpunt gegroeid. Maar inmiddels weten we beter. Als je kijkt naar de inkomensontwikkeling in diezelfde periode, ziet de wereld er plots radicaal anders uit.

'Ik denk dat niemand het kon overzien'

De Wassenaar-versie die ik (Hendrik) kende, luidt als volgt: toen de Nederlandse verzorgingsstaat in de jaren tachtig te groot werd en de lonen veel te hoog werden, dreigde de Nederlandse economie in te storten. Werkgevers en werknemers besloten hun verschillen te overbruggen voor het algemeen belang. Het jaarboek van mijn voormalig werkgever is er duidelijk over: 'Velen interpreteren het akkoord als de start van een periode van sociaaleconomische stabiliteit die tot het begin van deze eeuw zou duren.'[61] Ik besluit mijn vader ernaar te vragen. Hij was begin jaren tachtig als jonge vakbondsbestuurder werkzaam voor de FNV en maakte de nasleep van Wassenaar van dichtbij mee. Bovenal wil ik van hem weten waarom hij, en anderen binnen de bond, zich nooit hebben verzet tegen dit loonmatigingsakkoord. In eerste instantie zegt hij: 'Wassenaar ging voor mij over leiderschap. Over mensen die besloten elkaar te vinden terwijl alles in brand leek te staan. Omdat ze niet anders konden, omdat ze niet anders wisten.'

Wij zijn de eersten om te erkennen dat het tonen van leiderschap nobel en, op veel dossiers, noodzakelijk is. Het vergt leiderschap en politieke moed om langetermijnbeslissingen te nemen voor het landsbelang die je eigen achterban op de korte termijn pijn doen. Precies om die reden spreekt de opstelling van Wim Kok in Wassenaar zo tot de verbeelding. Hij was bereid de belangen van zijn achterban op de korte termijn ondergeschikt te maken aan het landsbelang op de lange termijn.

De vraag die wij ons dus moeten stellen is deze: wat maakte nu dat niemand binnen de vakbeweging in 1982 noemenswaardige weerstand heeft geboden tegen de afspraken die Kok in Wassenaar heeft gemaakt? Al was het maar om het beleid zo aan te passen dat het daadwerkelijk een tijdelijke maatregel zou zijn, die op de lange termijn weer zou verdwijnen. Ik leg de grafieken over de achterblijvende lonen voor aan mijn vader en confronteer hem met het langetermijneffect van het akkoord. Hij is een tijdje stil, en zegt dan: 'We hebben nooit nagedacht over de effecten van tweede en derde orde. Ik denk dat niemand het kon overzien.'

Is dit alles?

Deze observaties zijn even ontnuchterend als zorgwekkend. Wij twijfelen niet aan de intenties van Kok, Lubbers of Frans Rutten in de jaren tachtig. Evenmin zien we aanleiding om te twijfelen aan de goede bedoelingen van onze huidige politieke leiders. Dit laat onverlet dat we een samenleving hebben gecreëerd waarin het voor werknemers steeds lastiger is om het hoofd financieel boven water te houden. Hoeveel waarde moeten we nog hechten aan economische groei als zelfs tweeverdieners met bovenmodale inkomens niet meer genoeg verdienen om zoiets elementairs als een woning te kunnen bemachtigen?

Als we de cijfers van de positie van werkenden bestuderen, zien we dat de welvaart van de werkende bevolking vanaf het begin van de twintigste eeuw langzaam maar zeker begint mee te stijgen met de groei van de economie als geheel. De grote doorbraak van de middenklasse volgt pas in de decennia na 1945. Na alle verwoesting en ellende van de Tweede Wereldoorlog lijken de regeringen van de geïndustrialiseerde wereld een formule te hebben gevonden om de economie ook te laten werken voor werknemers, in plaats van uitsluitend andersom.

Wie het werk van de Franse ster-econoom Piketty heeft gelezen, weet hoe bijzonder deze periode is geweest. De eerste drie decennia na de Tweede Wereldoorlog zijn de enige periode in de moderne geschiedenis waarin de verschillen in vermogen tussen arm en rijk daadwerkelijk slonken. Zo bezien komt het ons tamelijk vreemd voor dat leiders in diezelfde geïndustrialiseerde wereld het roer in 1982 zo rücksichtslos hebben omgegooid. Waarom namen ze afscheid van de economische formule die de algehele bevolking – voor het eerst in de geschiedenis – zoveel welvaart heeft gebracht? Nu de wereld door toedoen van het coronavirus wederom economische problemen tegenkomt, is het des te belangrijker een antwoord op die vraag te vinden. Om deze vraag te kunnen beantwoorden, moeten we begrijpen wat die naoorlogse decennia zo bijzonder heeft gemaakt. We gaan daarom nog een stap verder terug in de tijd. Om precies te zijn naar de vooravond van de oorlog die de sociaaleconomische verhoudingen in de westerse wereld voorgoed zou veranderen.

4
De geboorte van economische groei

De industrialisatie in de achttiende en negentiende eeuw heeft de manier van samenleven in Europa en Noord-Amerika snel veranderd. Waar het gros van de mensen van oudsher in kleine, zelfvoorzienende gemeenschappen op het platteland leefde, bracht de industrialisatie een enorme trek naar de steden op gang. In fabrieken konden arbeiders op papier meer verdienen dan op het land, maar dat loon kwam wel tegen een hoge prijs. Werkdagen van twaalf uur of langer waren eerder regel dan uitzondering, en dat zes dagen per week. Terwijl de fabriekseigenaren gouden bergen verdienden aan hun bedrijven, verdiende de gemiddelde arbeider amper voldoende om zijn gezin te onderhouden. Politieke invloed hadden ze tot aan het begin van de twintigste eeuw niet, de wereld werd bestuurd door een smalle elite van steenrijke aristocraten, industriëlen en notabelen.

Hoe absurd de wereldorde in 1914 was, blijkt wel uit de aanleiding voor de Eerste Wereldoorlog. Een Servische nationalist pleegde een aanslag op een Oostenrijks-Hongaarse kroonprins. Zonder verder na te denken over de potentiële consequenties, verklaarden de Europese vorstenhuizen zich een voor een solidair met een van beide partijen. Hiertoe opgejut door de nationalistische propaganda van hun regeringen, mochten miljoenen arbeiders vervolgens de kastanjes uit het vuur halen. Terwijl de Europese vorsten – de koning van Engeland, de keizer van Duitsland en de tsaar van Rusland waren nota bene neven – op veilige afstand in hun paleizen bleven, verloren miljoenen soldaten het leven op de Europese slagvelden.

Als de kanonnen aan het westelijk front na ruim vier jaar oorlog eindelijk zwijgen, staat de eeuwenlang onaantastbaar gewaande macht van de oude Europese elites vervaarlijk te wankelen. De grote Europese mogendheden hebben tientallen miljoenen jongens uit de arbeidersklasse bewapend, getraind voor het gevecht en in een waanzinnige loopgravenoorlog gestort. Acht miljoen van hen kunnen het niet meer navertellen en een veelvoud daarvan is verminkt, doof, blind of blijvend invalide geraakt. Zij die terugkomen eisen maatschappelijke verandering. In Rusland breekt een bloedige burgeroorlog uit, die na een paar jaar strijd wordt gewonnen door de communisten. De nieuwe democratische regering in Duitsland weet een reeks communistische revoluties slechts ternauwernood de kop in te drukken. In Engeland, de Verenigde Staten en Nederland wordt het algemeen kiesrecht ingevoerd om tegemoet te komen aan de eisen van de bevolking. Voortaan mogen ook de verpauperde massa's uit de industriesteden hun stem laten horen. Sociaaldemocratische politieke partijen worden een factor van betekenis, zo is de Sociaal-Democratische Arbeiderspartij (SDAP, de voorloper van de PvdA) vanaf 1918 op slag de tweede partij van Nederland. Helaas voor de sociaaldemocraten weten ze het electorale succes niet om te zetten in grootschalige sociale hervormingen; de conservatieve en christelijke partijen houden de SDAP vakkundig buiten de macht. Net als in veel andere landen, blijft het vooroorlogse politiek-economische beleid dat vooral de belangen van grote bedrijven, oude families en de kerk dient goeddeels in stand. De overheid garandeert de veiligheid, rechtsorde en beschermt het privébezit van haar (vermogende) ingezetenen. De industrie, de handel en natuurlijk de financiële sector blijven het domein van de vrije markt.[1] We noemen deze economische opvatting ook wel laisser-faire, en binnen deze politieke realiteit is een beleid dat is gericht op het herverdelen van welvaart uit den boze.

Terwijl de klaprozen weelderig bloeien op de van soldatenbloed doordrenkte Vlaamse en Noord-Franse velden, bekeert het Westen zich tot een maniakaal materialisme. Dat wil zeggen, zij die het zich kunnen permitteren. Op basis van de korrelige zwart-witbeelden uit die tijd, kun je gemakkelijk de indruk krijgen dat de algemene welvaart snel toenam. Auto's verdringen koetsen en handkarren in hoog tempo uit het straatbeeld. Het publiek maakt kennis met bioscopen. De commerciële luchtvaart doet haar intrede. Radiotoestellen komen in het bereik van de middenklasse. In rokerige nachtclubs in wereldsteden als Berlijn, Londen en New York heersen het koper en de jazz. Traditionele waarden verschuiven eveneens. Nieuwe massamedia maken de opkomst van een *celebrity culture* mogelijk, waarin bekende en succesvolle mensen door een miljoenenpubliek worden bewonderd en aanbeden.[2] Op de beurzen bereikt de waarde van bedrijven, banken en beursfondsen ongekende hoogten. Met dollartekens in de ogen nemen beleggers krankzinnige risico's.[3]

In Parijs hebben buitenlandse kunstenaars de lege plekken ingenomen van een weggevaagde generatie jonge Franse mannen. Schrijvers als Ernest Hemingway, F. Scott Fitzgerald en Gertrude Stein kijken vanuit de lichtstad gedesillusioneerd en cynisch naar de uitspattingen van de naoorlogse wereld. Het is geen toeval dat de Amerikaanse Fitzgerald zijn beroemde personage Jay Gatsby tussen 1923 en 1925 tot leven wekt. In *The Great Gatsby* (later verfilmd met Leonardo DiCaprio in de hoofdrol) schetst Fitzgerald de decadente feesten waarop de excentrieke Jay Gatsby de New Yorkse elite dagelijks trakteert. Op de feesten van Gatsby is niets te dol. De champagne vloeit eindeloos en het dansen lijkt nooit te stoppen. Tegen het einde van het boek ontdekt de lezer de reden van de spilzucht van Gatsby: hij wil een getrouwde vrouw verleiden.[4]

Als exponenten van de 'Verloren Generatie' hekelen de in Parijs neergestreken kunstenaars de richtingloze maatschappij, ontdaan van dieper gewortelde waarden anders dan kortstondige bevrediging.[5] Achteraf kunnen we vaststellen dat de zelfverkozen bannelingen de aanstaande kater reeds voorvoelen op het moment dat hun tijdgenoten nog in een roes verkeren.

In de verkrotte arbeiderswijken van de Europese industriesteden broeit het eveneens. De gemiddelde arbeider beschikt niet over het vocabulaire of de intellectuele bagage om het de economen lastig te maken in een academisch debat, maar ervaart wel uit eerste hand hoe ongelooflijk scheef de verdeling is tussen arm en rijk in de jaren twintig.

En hoe die kloof ieder jaar dieper wordt.[6]

De kritiek van gemarginaliseerde kunstenaars en armoedige arbeiders maakt weinig indruk op beleggers en industriëlen die hopen dat de bomen voor altijd tot in de hemel zullen blijven groeien. En waarom ook niet? De economische groei van de jaren twintig lijkt in 1928 een nieuwe turbo te hebben aangeboord. De beurskoersen stijgen steeds steiler, tot ze in het najaar van 1929 ongekende hoogtes bereiken. Helaas zijn ze tegen het einde van de jaren twintig één natuurwet uit het oog verloren: niets kan oneindig groeien. De geweldsuitbarsting waarmee het knappen van de zeepbel gepaard gaat, zal de wereld ruim vijftien jaar op haar grondvesten doen trillen.

Zwarte dinsdag

Het is donderdag 24 oktober 1929 als de beurskoersen op Wall Street plotseling beginnen te dalen. In een ultieme poging de koersen te stabiliseren, kopen de banken massaal aandelen op. Het plan lijkt te werken. De koersen stabiliseren, de rust keert voor vijf dagen terug. Dat is de tijd die beleggers nodig hebben om zich te realiseren dat er aan de reële waarden van de bedrijven waarin ze handelen niets is veranderd, maar dat de banken slechts een poging hebben gedaan om de zeepbel intact te laten. Er is dan ook geen redden meer aan wanneer de paniek op dinsdag 29 oktober alsnog toeslaat. Beleggers op Wall Street verkopen massaal hun aandelen. Volgens de overlevering gaan aandelen die een week eerder nog enkele dollars waard waren tegen het einde van de dag voor enkele centen van de hand. Uit pure wanhoop proberen de beleggers hun aandelen zelfs te slijten aan toevallig passerende loopjongens in het beursgebouw.[7]

Het is voor het eerst dat een lokale beurscrisis mondiale effecten heeft. Dit heeft alles te maken met de snelle groei van de Amerikaanse industrie. Tegen 1929 is die goed voor 40 procent van de wereldwijde productie van goederen. Beleggers in Europa en Azië vrezen een snel dalende vraag naar grondstoffen, waardoor ook de koersen van mijnbouwers en transporteurs een duikvlucht maken. Ongemerkt heeft de financiële speculatie van de *roaring twenties* een dominospel opgezet dat zijn gelijke niet kent. De beurskrach is het eerste steentje, waarna een onhoudbare schokgolf door de wereldeconomie gaat. Het is het begin van de Grote Depressie, die tot diep in de jaren dertig zal duren. In de hele westerse wereld komen werkzaamheden plotseling tot een halt. De werkloosheid loopt pijlsnel op en rijen bij de gaarkeukens (de voorloper van de huidige voedselbanken) groeien met schrikbarende snelheid. Ook Nederland ontsnapt niet aan de malaise.

Het Verbond van Nederlandsche Werkgevers, dat later opgaat in VNO-NCW, bindt de strijd aan met de politiek in de debatten over mogelijke oplossingen. Geschoeid op de leest van laisser-faire pleiten de werkgevers voor het verlagen van de lonen:

> Alleen door de tering naar de nering te zetten zal ons land er weer bovenop kunnen komen. […] Het wachten op een opleving heeft geen doel: wij zullen ons een bestaansmogelijkheid, een levenspeil moeten

scheppen, dat in overeenstemming is met de huidige omstandigheden. [...] Dat dit peil lager ligt dan 1929 weet eenieder, maar wat niet overal beseft wordt, is dat het voor velen nog heel wat lager zal mogen liggen dan het peil van thans.[8]

Het advies van de werkgevers in 1929 lijkt verrassend veel op de wijze waarop Lubbers in de jaren tachtig de crisis heeft bestreden en op de manier waarop de politiek de kredietcrisis van 2008 aanpakte. Net als later de kabinetten Balkenende IV, Rutte I en Rutte II poogt premier De Geer (1870-1960) de crisis te bestrijden met bikkelharde bezuinigingen. Nederland haalt de broekriem aan. De Nederlandse regering mag dan vasthouden aan de politiek van laisser-faire, aan de andere kant van de oceaan besluit een nazaat van een Zeeuwse emigrantenfamilie dat het tijd is voor verandering. Hij pleit voor een samenleving waarin iedere burger kan profiteren van de rijkdom die het land voortbrengt. Wanneer hij zich in 1932 verkiesbaar stelt voor het hoogste ambt, blijkt de kiezer zijn opvatting te delen. Zijn naam is Franklin Delano Roosevelt.

Vier vrijheden

Als zoon van een steenrijke mijnbouw- en spoorwegtycoon geniet Roosevelt van alle privileges die de status quo de rijken te bieden heeft. Hij groeit op in een comfortabel landhuis in Hyde Park, ver genoeg van de smerige sloppen van New York om de stank van de stad niet te hoeven ruiken.[9]

Maar waar zijn vader zijn leven in het teken heeft gesteld van het vestigen van spoorwegmonopolies, filosofeert zijn zoon over nieuwe definities van het begrip vrijheid.[10] De ruimte die politici grote ondernemingen en hun aandeelhouders onder het mom van laisser-faire hebben geboden, heeft volgens Roosevelt geleid tot een fundamentele onvrijheid van al die miljoenen Amerikanen die niet over de macht of middelen beschikken om een onderneming te starten. Net als de Amerikaanse *founding fathers* gelooft Roosevelt in de vrijheid van meningsuiting en de vrijheid van geloof. Maar minstens zo belangrijk, zo houdt de president zijn parlement in latere jaren voor, is de creatie van een samenleving waarin iedere burger is gevrijwaard van gebrek en vrees.[11]

Burgers kunnen pas werkelijk vrij zijn als een baan ze genoeg oplevert om dagelijks hun maag te kunnen vullen. Als er voldoende betaalbare woningen beschikbaar zijn. Als ze hun kinderen naar school kunnen sturen. Als ze toegang hebben tot betaalbare en hoogwaardige zorg. En als ze niet hoeven te vrezen voor misdaad, de uitbraak van infectieziekten, een dictatoriale overheid of een lege beurs. Roosevelt probeert een veel bredere opvatting van welvaart en waarde te formuleren. Niet iedereen is daarover te spreken. Zo boezemen zijn ambities onder welvarende Amerikanen zoveel angst in dat er geruchten rondgaan over een mogelijke staatsgreep, gepland door rijke beurshandelaren.[12]

Voor Roosevelt staat niet de economische theorie, maar het soort samenleving waarin hij en zijn kiezers willen leven centraal. Anders dan zijn voorgangers investeert Roosevelt miljarden in publieke diensten en werkgelegenheidsprojecten. De president beoogt met zijn investeringen nadrukkelijk om het leven van alle Amerikanen te verbeteren en zijn land uit het diepe dal van de depressie te trekken. Als hij zijn economen vraagt een maatstaf te ontwikkelen die hem helpt de economie met zachte dwang de gewenste richting op te duwen en het succes van zijn beleid te meten, rijst de vraag: wat zien we als succes?[13]

Het grootste kasboek ooit

Na de verkiezing van Roosevelt krijgt de jonge Russische migrant Simon Kuznets (1901-1985) de opdracht van zijn leven. Tijdens zijn studies economie, wiskunde, statistiek en geschiedenis aan de universiteit in Charkov (in het huidige Oekraïne) valt hij direct op vanwege zijn uitzonderlijke intelligentie. Na de overwinning van de communisten in de bloedige Russische burgeroorlog emigreert Kuznets in 1922 met zijn hele familie naar de Verenigde Staten. In zijn nieuwe vaderland gooit hij eveneens hoge ogen aan de universiteit. Hij is pas vijfentwintig jaar wanneer hij promoveert. Als de beurzen in 1929 instorten, werkt hij aan het National Bureau of Economic Research.[14]

Met de herinneringen aan de bloedige klassenstrijd in zijn geboorteland nog vers in het geheugen, is de breed ontwikkelde Kuznets zich waarschijnlijk maar al te bewust van de noodzaak van een politiek beleid dat oog heeft voor de noden van de arbeiders- en boerenklasse. In reactie op de wens van de president om het succes van het beleid beter te meten schrijft hij:

> Het zou van grote waarde zijn wanneer schattingen van het nationale inkomen, díé elementen zouden weglaten die, vanuit een meer sociaal verlicht standpunt dan dat van een hebzuchtige samenleving, eerder kwaad dan goed doen. Zulke schattingen zouden uitgaven aan bewapening, advertenties en reclames en veel van de kosten voor financiële speculatieve activiteiten buiten beschouwing laten.[15]

Kuznets werkt aan een van de meest verfijnde en complexe accountancysystemen ooit: de nationale rekeningen, waar hij in 1971 de Nobelprijs voor zal ontvangen. In feite maakt hij een overzicht van alle uitgaven en inkomsten die door de samenleving stromen. Stel je zoiets voor als het grootste kasboek ooit gemaakt om de omvang van een economie als geheel te meten. Maar nu komt het: ter beoordeling van de kwaliteit van het beleid ambieert Kuznets om uitsluitend die uitgaven te tellen die het leven van mensen daadwerkelijk verbeteren. Groeit dat cijfer, dan groeit de welvaart, en andersom. Vertaald naar onze tijd betekent dit dat opbrengsten uit de verkoop van bijvoorbeeld wapentuig, woekerpolissen of sigaretten in het ideaalmodel van Kuznets niet meetellen. Deze producten dragen immers niet bij aan de welvaart van de bevolking.[16] Kuznets droomt van een statistische methode op basis van een geobjectiveerde standaard om vast te stellen in hoeverre het gevoerde beleid bijdraagt aan de welvaart en het welzijn van de bevolking. En die kan dienen om de regering hierop af te rekenen. Helaas voor Kuznets en Roosevelt komt het er niet van zijn methode te testen.

Twee routes uit een crisis

De hardste klappen van de crisis lijken voor één land gereserveerd: Duitsland. In het Vredesverdrag van Versailles uit 1919 (dat een einde maakt aan de Eerste Wereldoorlog) hebben de geallieerden gigantische herstelbetalingen afgedwongen waar de jonge republiek sindsdien onder gebukt gaat. Uit pure wanhoop is de Duitse regering in de jaren twintig massaal geld gaan bijdrukken in de hoop de tekorten af te dekken. Het beleid werkt averechts. Duitsland gaat in de jaren twintig gebukt onder enorme inflatie. Duitse families zien het spaargeld dat ze een leven lang hebben opgebouwd van de ene op de andere dag verdampen. En als het land tegen het einde van de jaren twintig, mede dankzij Amerikaanse investeringen, alsnog lijkt op te krabbelen, maakt Zwarte Dinsdag resoluut een einde aan iedere hoop op een spoedig herstel. Tegen 1932 is de werkloosheid in Duitsland opgelopen tot een duizelingwekkende 30 procent.[17]

Waar de Amerikanen na de beurskrach het vertrouwen schenken aan een presidentskandidaat die het leven van alle Amerikanen daadwerkelijk wil verbeteren, leidt de radeloosheid in Duitsland tot een politiek klimaat waarin een meerderheid van het electoraat opschuift naar de extremistische partijen aan de flanken. De verkiezingen van maart 1933 spreken boekdelen: een goede 12 procent van de Duitsers zoekt aansluiting bij communistische groeperingen die, in navolging van Lenin en Stalin in Rusland, een dictatuur van het proletariaat willen stichten. En maar liefst 44 procent van de kiezers sympathiseert met de politiek van Adolf Hitler, die de leegte van het omgevallen individualisme vult met een giftig mengsel van fascisme, nationalisme en antisemitisme. Duitsland, zo analyseert Hitler de economische problemen van zijn land, is een organisme dat is geïnfecteerd door ziekmakers. Pas als deze ziekmakers – lees etnische minderheden als Joden, maar ook sociaaldemocraten, wetenschappers, architecten en journalisten – uit de samenleving zijn verwijderd, kan Duitsland zich weer oprichten.

Roosevelt wordt op 4 maart 1933 in Washington ingezworen als de tweeëndertigste president van de Verenigde Staten. Eén dag later wordt de partij van Adolf Hitler gekozen tot de grootste partij van Duitsland. Allebei gaan ze op zoek naar een nieuw verhaal voor de economische toekomst van hun land. Maar waar Roosevelt en Kuznets aan de slag gaan met een welvaartsindicator die investeringen in wapentuig ontmoedigt, heropenen de Duitse wapenfabrieken de poorten. We kennen de uitkomst. Amper twintig jaar na de trauma's van de Somme en Verdun stort Hitler Europa opnieuw in een allesvernietigende oorlog.

De aanval op de vierde vrijheid

Roosevelt houdt zich aanvankelijk afzijdig in deze nieuwe Europese oorlog. Pas als Japanse gevechtsvliegtuigen op 7 december 1941 een verrassingsaanval uitvoeren op de Amerikaanse marinebasis op Pearl Harbor, is er geen weg meer terug. Amerika is in oorlog, en Roosevelt is vastbesloten om te winnen. Met het losbarsten van de strijd veranderen de binnenlandse prioriteiten van Roosevelt op slag. Het Amerikaanse leger telt in 1941 te weinig manschappen, schepen, vliegtuigen en kanonnen om de Duitse en Japanse oorlogsmachines van repliek te dienen. Er is Roosevelt alles aan gelegen om de strijdkrachten op oorlogssterkte te brengen voordat de vijand het waagt om de oceaan over te steken. In het licht van dit grotere belang moet iedere Amerikaan zich voorlopig ondergeschikt maken aan het oorlogsdoel. De vier vrijheden zullen even moeten wachten.[18]

De president en zijn generaals hebben dringend behoefte aan betrouwbare informatie die hen kan helpen de oorlog te winnen. Hoeveel wapens kunnen ze produceren? Hoeveel tanks? Hoeveel schepen? Hoeveel vliegtuigen? Hoeveel mannen kunnen ze missen in de fabrieken? En natuurlijk, hoeveel voedsel en grondstoffen kunnen ze vrijmaken voor de strijdkrachten? Kuznets statistische model biedt uitkomst. De meetmethode verandert van vorm om het nieuwe politieke doel – het winnen van de oorlog – dichterbij te brengen. Discussies over zachte politieke waarden als welzijn worden gestopt. Vanaf nu telt alleen: hoe snel en hoeveel kan onze economie produceren? Tijdens een grote oorlog hebben legers voortdurend behoefte aan nieuwe spullen. De kogels, mortieren en granaten waarmee de soldaten elkaar bestoken, worden per definitie maar één keer gebruikt. Maar aan het begin van een oorlog verwachten generaals eveneens een groot aantal tanks, pantserwagens, vliegtuigen en schepen te verliezen in de strijd. Zo bezien is de Tweede Wereldoorlog bij uitstek een oorlog die gewonnen moet worden in de fabrieken achter het front. Het land dat het meeste wapentuig kan produceren, beschikt over een enorm strategisch voordeel.

II DE STILLE REVOLUTIE

De nieuwe economische meetlat blijkt een uitstekend hulpmiddel om de eindoverwinning dichterbij te brengen. Dankzij dit instrument kan de Amerikaanse legerleiding heel precies in kaart brengen hoeveel middelen ze waar en wanneer kunnen inzetten voor de strijd. De regering heeft op haar beurt een goed handvat om de economie te leiden. In de nieuwe index tellen economen simpelweg de financiële waarde van alle geproduceerde diensten en goederen bij elkaar op. Ze noemen deze index uiteindelijk het bruto nationaal product. Zolang het bnp groeit, groeit de overwinningskans van het leger.

Het werkt. De Duitsers beschikken over de meest ervaren soldaten en kwalitatief de beste wapens. Maar de Amerikanen hebben tegen het einde van de oorlog tien keer zoveel tanks geproduceerd als de Duitsers. Naast hun eigen troepen gebruiken ze hun productiekracht om ook de Britten en de Russen van voorraden te voorzien. Hier zijn zelfs de fanatiekste Duitse eenheden niet tegen opgewassen. De geallieerden winnen de oorlog en het bruto nationaal product deint mee op die overwinning. In 1944 spreken de geallieerden af om het bnp (in de jaren negentig vervangen door bruto binnenlands product) te gebruiken als de internationale standaard om de prestaties van economieën te meten. Sindsdien meten we het succes van regeringen af aan de mate waarin ze erin slagen de productie van hun land te laten groeien. Om het bruto binnenlands product voortdurend te laten stijgen, gebruiken we ieder jaar meer grondstoffen om meer goederen en diensten te produceren. Slaagt een regering daarin, dan kan zij rekenen op schitterende krantenkoppen: de economie groeit!

President Roosevelt overlijdt kort voor het einde van de oorlog. Hij begon zijn presidentschap met een manmoedige poging om een nieuw verhaal voor de economie te schetsen. Weg van laisser-faire, zonder het totalitaire pad van de communisten in te slaan. Maar na zijn dood is er blijkbaar niemand van betekenis in de Verenigde Staten of West-Europa die zich afvraagt of het geen tijd is om afscheid te nemen van de index die is ontwikkeld om een oorlogseconomie te stroomlijnen. Europa ligt in puin en alleen al in Nederland zijn miljoenen burgers ernstig ondervoed. Regeringen zien zich genoodzaakt om massaal te blijven produceren om hun landen te herbouwen.

En toch vormt de Tweede Wereldoorlog een breekpunt in het verhaal dat we elkaar vertellen over de economie. 'Eenieder van ons beseft inmiddels dat er na deze oorlog geen weg terug meer mogelijk is naar een laisser-fairesamenleving, maar dat deze oorlog een stille revolutie tot stand heeft gebracht naar een nieuw soort geplande en maakbare samenleving,' zo schrijft de invloedrijke socioloog Karl Mannheim in 1943.[19] Mannheim krijgt gelijk; na de oorlog gaat het roer volledig om. De basis voor de nieuwe, naoorlogse politiek wordt voor de oorlog al gelegd door een Britse econoom. Zijn naam is John Maynard Keynes (1883-1946).

Een nieuwe theorie

De Britse topambtenaar John Maynard Keynes zit al aan tafel als de geallieerden in Versailles in 1919 het verslagen Duitsland torenhoge herstelbetalingen opleggen. Keynes waarschuwt zijn regering voor de potentieel rampzalige gevolgen van dit verdrag. De econoom vermoedt dat Duitsland op geen enkele manier aan de betalingsverplichtingen aan Frankrijk en Engeland zal kunnen voldoen. Als Keynes beseft dat hij zijn regering onmogelijk kan overtuigen om af te zien van de economische wraakoefening op de Duitsers, dient hij zijn ontslag in.[20] Na zijn vertrek is Keynes vrij om zijn economische gedachtegoed verder te ontwikkelen. De erudiete Brit – op school laat hij een klasgenoot zijn boeken dragen in ruil voor gratis bijles – is kritisch op de natuurkundige benadering van de economie en het idee dat vraag en aanbod altijd in evenwicht bij elkaar komen. Het menselijk gedrag is altijd omringd met onzekerheid, houdt Keynes ons voor, en daarmee is het onmogelijk om de richting van een samenleving te vatten in een voorspellend model.[21]

Voor Keynes schuilt het pad naar een betere wereld in de mate waarin de politiek erin slaagt om de middenklasse uit de invloedssfeer van het fascisme en communisme te houden.[22] Daarom moet de overheid wat hem betreft een veel grotere rol op zich nemen in het sturen van de economie, in plaats van markten hun gang te laten gaan. Mensen hebben tenslotte recht op stabiliteit, vooruitgang en een goed leven. Om dat mogelijk te maken, stelt Keynes voor om overheden tijdens economische crises geld te laten lenen voor investeringsprogramma's. Zo kunnen overheden de vraag naar arbeid en investeringen aanjagen door bijvoorbeeld wegen, spoorlijnen of havens aan te leggen. Overheidsuitgaven verhogen op die manier het vertrouwen in de toekomst waardoor bedrijven ook weer gaan investeren. Dat dergelijke uitgaven leiden tot een hogere staatsschuld is geen ramp, aldus Keynes. De schatkist van een land is geen huishoudboekje. Waar wij als gewone burgers uiteindelijk zullen sterven, blijven landen in principe altijd bestaan. Als jij of wij een schuld aangaan, zal de schuldeiser verwachten dat we deze (ruim) voor onze dood aflossen. Maar de schulden die staten maken zullen door inflatie relatief steeds minder zwaar drukken op de begroting. Zolang landen de rentelasten kunnen opbrengen, kunnen staatsschulden het beste pas worden afbetaald wanneer de economie weer gaat groeien en bezuinigingen geen pijn doen. Zo bezien is het sluitend maken van een nationale begroting een politieke keuze, en geen objectieve economische voorwaarde voor goed landsbestuur.

De verschrikkingen van de Tweede Wereldoorlog geven ruimte voor Keynes' gedachtegoed. Vrijwel niemand gelooft meer in de heilzame werking van de vrije markt en daarmee heeft laisser-faire in hun ogen afgedaan. Het is tijd voor een nieuwe wind. De rol van de overheid groeit en Nederland geeft dat op een geheel eigen wijze vorm.

5

Glorieuze jaren

Amsterdam verkeert in mei 1945 nog in de roes van bevrijding als Heineken-directeur Dirk Stikker de hoofdstad laat volhangen met stencils.[1] 'Aan de werkgevers en werknemers van Nederland,' valt er te lezen. 'Werkgevers: Houdt de poorten open, Werknemers: vervul uw plicht. Het Vaderland heeft allen nodig. Een nieuwe toekomst ligt voor ons.'[2] Op het eerste gezicht is Stikker in alles een representant van het oude establishment. Na zijn studie rechten maakt hij in de jaren twintig carrière als bankier, totdat hij in 1935 het directeurschap bij de Heinekenbrouwerij aanvaardt. Maar Stikker is eveneens de personificatie van de nieuwe wind die na de oorlog waait.

Na de bevrijding is er in Nederland een breedgedragen consensus over de opgave waar het land voor staat. De kapotgeschoten steden moeten worden opgebouwd, de landbouw gemoderniseerd. De rechtsstaat en de democratie moeten worden hersteld. En bovenal moeten we het samen doen.

Op 17 mei 1945 leidt de inzet van Stikker tot de oprichting van de 'Stichting van den Arbeid', een platform voor overleg tussen werkgevers en werknemers. In plaats van elkaar te bevechten moest men in overleg, in het belang van de wederopbouw. Werkgevers en werknemers worden van gezworen vijanden plots sociale partners. De gedachte is simpel: als de vakbonden en werkgevers op nationaal niveau afspraken kunnen maken, hoeft de loonstrijd niet in ieder bedrijf opnieuw te worden uitgevochten. Stikker brengt de overlegcultuur die hij voorstaat ook naar het Binnenhof, als medeoprichter van een nieuwe politieke partij: de Volkspartij voor Vrijheid en Democratie (VVD).[3] Stikker is de eerste voorzitter van de liberalen en zal later dienen als minister van Buitenlandse Zaken in de kabinetten van PvdA-voorman Willem Drees.[4]

We kunnen de VVD-oprichter niet meer vragen wat hem precies heeft bewogen om het lot van de werknemers in de politieke besluitvorming gelijk te stellen aan de belangen van de werkgevers, maar het laatste wat de werkgevers willen is Nederlandse arbeiders zodanig tegen de haren in strijken dat ze vatbaar worden voor een communistische revolutie. Want hoe sla je een dergelijke opstand neer als Moskou zou besluiten hun Nederlandse kameraden te steunen? Om revolutionaire stromingen binnen de arbeidersbeweging de wind uit de zeilen te nemen, geven regering en werkgevers de vakbonden in 1950 met de oprichting van de Sociaal-Economische Raad (SER) voor het eerst in de geschiedenis een officiële plaats in de Haagse instituties. Werkgevers, werknemers en door de regering aangewezen kroonleden, zo is de gedachte, hebben in de SER een permanent overlegorgaan waardoor arbeidsonrusten (vanuit het perspectief van de werkgever) en uitbuiting van personeel (vanuit het perspectief van de werknemer) kunnen worden uitgebannen.

Het is het begin van een lange traditie van onderhandelen, nog langer onderhandelen, weglopen, terug aan tafel komen en uiteindelijk akkoorden sluiten; het Nederlandse poldermodel is geboren. Sleets als deze overlegcultuur ons nu soms voorkomt, is de betekenis van de oprichting van deze instituties na de oorlog groot. Voor het eerst in de geschiedenis wordt de stem van de Nederlandse werknemer krachtig en doorlopend gehoord in politiek Den Haag. Voortaan mogen werknemers meepraten over het verhaal dat we elkaar vertellen over de economie, en iedereen lijkt daarvan te profiteren.

Na de bevrijding hebben slechts weinigen fiducie in de wederopbouw van de economie. De Nederlandse regering stimuleert haar ingezetenen zelfs actief om te emigreren naar Canada, Australië of andere landen waar werk is.[5] Toch krabbelt de economie vrij snel op. Dankzij een combinatie van overheidsinvesteringen, Amerikaanse ontwikkelingshulp en de inzet van miljoenen werknemers, kunnen gebombardeerde woonwijken en fabrieken worden herbouwd. De bemoeienis van werknemers bij het politieke beleid zorgt voor een reeks sociale maatregelen en wetgeving die ertoe leidt dat werknemers voortaan ook daadwerkelijk profiteren van de waarde die ze creëren. En de werkgevers profiteren eveneens. De snelgroeiende middenklasse houdt aan het einde van de maand steeds meer loon over, waardoor ze meer spullen kunnen kopen. Tegen het einde van de jaren vijftig draait de economie weer op volle toeren.[6] En niet alleen in Nederland.

De periode 1945-1975 is in sociaal en economisch opzicht

een van de meest uitzonderlijke periodes uit de westerse geschiedenis. Het welzijnsniveau springt vooruit, de levensverwachting stijgt en de ongelijkheid is gering. Universiteiten openen voor het eerst de deuren voor kinderen uit armere milieus. De kansengelijkheid neemt zienderogen toe en gezinnen zijn welvarender dan ooit.[7] Hoe uitzonderlijk de economische bloeiperiode is geweest, blijkt wel uit de bombastische benamingen die onze buurlanden de naoorlogse jaren hebben gegeven. In Duitsland spreken ze nog altijd van het *Wirtschaftswunder*, het economische wonder. De Fransen noemen deze periode *Les Trente Glorieuses*, de dertig glorieuze jaren. Maar misschien nog wel het meest opvallend aan de naoorlogse bloei is de aandacht voor het collectief. Vakbonden liggen vandaag de dag onder vuur omdat ze ouderwets en overbodig zouden zijn geworden. Na de oorlog bouwen ze daarentegen mee aan het Nederland zoals we dat nu kennen. Veel van de verworvenheden die we vandaag de dag zo vanzelfsprekend vinden, zijn in deze periode opgebouwd. Van de verzorgingsstaat tot het pensioenstelsel en de vrije toegang tot de zorg. Van de AOW en ontslagbescherming tot de vijfdaagse werkweek (tot 1960 was zaterdag een werkdag). Onze ouders hebben kunnen studeren bij de gratie van de democratisering van het hoger onderwijs die toen is doorgevoerd. De financiële sector werd stevig aan banden gelegd om de samenleving te beschermen tegen onverantwoorde speculatie.

Het voor ons zo vanzelfsprekende concept dat je zelf kunt bepalen wat je doet met je leven, door te studeren en hard te werken, was onbestaanbaar geweest zonder de investeringen in de publieke sector die tijdens de glorieuze jaren mogelijk zijn gemaakt. Er hangt echter ook een prijskaartje aan al deze vooruitgang: de belastingen zijn na de oorlog gestegen, vooral voor de hogere inkomens, kapitaalbezitters en bedrijven. In Nederland piekte het toptarief van de inkomstenbelasting op 72 procent.[8] In de Verenigde Staten was dit nog hoger: voor elke verdiende dollar moesten hogere inkomens 90 cent belasting betalen.[9] De Franse econoom Thomas Piketty bepleit tegenwoordig een terugkeer naar deze belastingtarieven om de groeiende ongelijkheid te beteugelen. Daar krijgt hij nog lang niet alle handen voor op elkaar.

Toch zijn er in die tijd weinig mensen die klagen. Met de grote depressie en de oorlog vers in het geheugen, wordt de noodzaak van het collectief verdelen van de welvaart door vrijwel iedereen gevoeld. Na eeuwen van fundamentele ongelijkheid en strijd, lijkt de westerse wereld eindelijk een verhaal over de economie te hebben gevonden dat voor iedereen werkt. Een maatschappij waarin werken loont en ondernemerschap wordt beloond. Een maatschappij waarin de rijken nog altijd rijk zijn, en waarin iedereen de kans krijgt te stijgen op de maatschappelijke ladder. Een samenleving waarin de markt ruimte krijgt, maar de democratisch gecontroleerde overheid de regie over de welvaart en het welzijn in de samenleving voert. Toch is het een samenleving die niet iedereen kan bekoren. Vanuit het comfort van een luxe Zwitsers bergresort filosofeert een select gezelschap van denkers over manieren om de vooroorlogse sociaaleconomische verhoudingen te herstellen. Wie het ontstaan van het Akkoord van Wassenaar wil begrijpen, moet eerst afreizen naar deze bergflank.

De strijd om ideeën

Terwijl het uitgeputte Europa haar oorlogswonden likt, verschanst een groepje denkers zich in Hotel du Parc op de top van de Mont Pèlerin. In het luxueuze hotel, uitkijkend over de Zwitserse Alpen, is geen spoor van de oorlog te vinden. Zwitserland is de hele oorlog neutraal gebleven, de verwoestende strijd is aan het bergstaatje voorbijgegaan. Voor wie het zich kan permitteren, is het toenmalige Hotel du Parc het ideale toevluchtsoord om tot bezinning te komen. Het uit 1906 daterende, in belle-époquestijl opgetrokken hotel op de top van de berg is slechts bereikbaar via een doodlopend kronkelig bergweggetje. Op heldere dagen hebben de gasten een prachtig uitzicht over het diep in het dal gelegen Meer van Genève.

Gehuld in donkere pakken met bijpassende hoeden, lurkend aan sigaretten en pijpen, delibereren de mannen in de tuin van Hotel du Parc over nieuwe argumenten om de begrippen 'overheid', 'vrijheid' en 'markteconomie' met elkaar in verband te brengen.[10] Ze verzetten zich tegen 'het gevaar' dat uitgaat van 'de uitbreiding van de overheid, niet in de laatste plaats als verzorgingsstaat, de macht van vakbonden, monopolies en inflatie'.[11] De overheid kan ze daarom niet klein genoeg zijn.[12] Om dit doel dichterbij te brengen, richten ze op 10 april 1947 in Hotel du Parc de zogeheten Mont Pèlerin Society (MPS) op. De vereniging ambieert een afgeschermde vrijplaats te creëren voor denkers die zich aangetrokken voelen tot het liberalisme uit het laisser-fairetijdperk.[13] De ideeën van hun eerste voorzitter worden in politieke kringen evengoed decennialang straal genegeerd.

Tijdgenoten kunnen zich in 1947 simpelweg niet voorstellen dat hij met zijn denkbeelden over de markt en de overheid zal uitgroeien tot een van de meest invloedrijke denkers van de twintigste eeuw.[14] Zijn naam is Friedrich Hayek.

Friedrich von Hayek wordt in 1899 geboren in Wenen, het kloppend hart van de toenmalige grootmacht Oostenrijk-Hongarije. Hij is amper achttien jaar oud wanneer de oproep voor militaire dienst op zijn deurmat valt. Von Hayek krijgt een spoedopleiding tot artillerieofficier, alvorens hij naar het Oostenrijks-Italiaanse front wordt gestuurd om vanuit een primitief propellervliegtuigje als spotter het effect van de Oostenrijkse artilleriebombardementen in kaart te brengen. Met een medaille voor betoonde moed op de borst (en blijvende gehoorschade) keert Von Hayek na de oorlog terug in zijn geboortestad.

Wenen is dan het toneel van een socialistisch experiment; het nieuwe stadsbestuur start een scala aan sociale programma's, onder andere rond huisvesting en herverdeling van inkomen. Het is een hard gelag voor de adelstand, die eeuwenlang over Oostenrijk heeft geregeerd. Ze worden vakkundig verwijderd uit hun bestuurlijke functies en landgoederen vallen toe aan de staat. In 1919 wordt het gebruik van aanspreektitels, waarmee de adel zich van oudsher onderscheidt van het volk, zelfs volledig verboden. Noodgedwongen schrappen de Von Hayeks het adellijke 'von' uit hun familienaam.

Het socialistische experiment in Wenen wordt in bloed gesmoord als de fascisten in 1934 een staatsgreep plegen. Vier jaar later wordt het land geannexeerd door nazi-Duitsland.¹⁵ Hayek probeert de rest van zijn leven te begrijpen hoe de Europese politiek zo heeft kunnen ontsporen. Maar waar leiders als Stikker, Drees en Roosevelt de afwezigheid van de overheid als het grootste gevaar voor de samenleving beschouwen, keert Hayek de redenering om. Hij formuleert een theorie waarin hij stelt dat iedere politieke poging de economie te sturen onvermijdelijk zal leiden tot onderdrukking.¹⁶ Voor Hayek is de groeiende rol van de overheid in het sturen van de samenleving en economie een stap in de richting van totalitarisme en onderdrukking. Terwijl Roosevelt de vrijheid van meningsuiting en vrijwaring van honger en gebrek rekent tot essentiële vrijheden, is het Hayek voornamelijk te doen om de economische vrijheid, bijvoorbeeld de vrijheid zo veel mogelijk rijkdom te vergaren. Het is de taak van de overheid om deze vrijheid van ieder individu maximaal te faciliteren.

Dat het nastreven van deze economische vrijheid mogelijk ten koste gaat van de vier vrijheden van Roosevelt, ziet Hayek niet als een bezwaar. Sterker, over de duistere kanten van het Chileense Pinochet-regime (verantwoordelijk voor de dood van zeker drieduizend dissidenten) zei hij ooit dat 'de sociale kosten [van een] regering die bereid is het land voorwaarts te duwen [...] een noodzakelijk kwaad zijn die in de toekomst zullen worden goedgemaakt'.¹⁷ Zo bezien verkiest hij een militaire dictatuur vol 'economische vrijheid' boven een democratie die, in zijn ogen, ten opzichte van het bedrijfsleven niet vrij is.¹⁸

In de jaren vijftig en zestig krijgt Hayek – op een handjevol volgelingen op een berg in Zwitserland na – vrijwel niemand op de been voor dergelijke ideeën. Tijdgenoten bestempelen zijn economische visie als radicaal ideologisch.[19] Het weerhoudt Hayek er niet van om zijn werk voort te zetten. Want, zo houdt hij zijn volgelingen binnen de Mont Pèlerin Society voor, 'de strijd om ideeën' is van het grootste belang en het zal waarschijnlijk een generatie duren voordat deze wordt beslecht.[20]

Wanneer Mark Rutte en Rita Verdonk in 2006 strijden om het lijsttrekkerschap van de VVD en het tweetal wordt gevraagd naar hun favoriete filosoof, krijgt Hayek gelijk. Rutte antwoordt zonder enig spoor van twijfel: Friedrich Hayek. 'Omdat die vrijheid boven verdelende rechtvaardigheid stelt.'[21]

Van Mont Pèlerin naar Chicago

De oprichtingsvergadering van de Mont Pèlerin Society wordt bijgewoond door de dan nog jonge Amerikaanse economieprofessor Milton Friedman van de Universiteit van Chicago. Na de conferentie vliegt Friedman terug naar zijn faculteit in de industriestad aan de oevers van Lake Michigan, waar hij begeesterd aan de slag gaat met een project dat de richting van de wereld zal veranderen. Friedman, die Hayek later zal opvolgen als voorzitter van de Mont Pèlerin Society, gelooft net als zijn verenigingsgenoten in de kracht van vrije markten. Het economiedepartement van de universiteit ontwikkelt zich vanaf de jaren vijftig tot een soort Gallisch dorpje vanwaaruit ze de strijd aangaan met de academische garnizoenen uit het kamp van Keynes.[22]

Met de jaren verwerft Friedman faam met zijn analytische kwaliteiten.

Samen met studenten werkt hij zijn gedachtegoed en dat van Hayek uit. Ze proberen een wetenschappelijke basis te leggen en grijpen hiervoor deels terug op de mathematische methoden waar Keynes zo'n kritiek op had. Ze doen aannames over hoe bedrijven en individuen reageren op financiële prikkels, en laten daar vervolgens complexe wiskundige berekeningen op los. Zo proberen ze voorspellingen te doen over de effecten van bepaald beleid. Friedman bundelt het werk van zijn vakgroep in 1962 in zijn boek *Capitalism and Freedom*. Zoals de titel duidelijk maakt stelt hij vrijheid en kapitalisme op één lijn; een Siamese tweeling die niet zomaar gescheiden kan worden. Het boek leest – zonder blasfemisch te willen zijn – als een bijbel voor een wereld van vrije markten, omdat echte vrijheid volgens hem per definitie economische vrijheid impliceert.[23] Hoe ingewikkeld die relatie tussen de vrije markt en vrijheid kan zijn, blijkt wederom als Milton Friedman in 1996 meewerkt aan een ranglijst van landen met 'de meeste economische vrijheid'. In de top vijf dat jaar en het jaar erop staan onder andere Honduras en Guatemala: militaire dictaturen.[24]

In zijn boek bepleit Friedman het schrappen van wetten en regels die zijn ingevoerd om de vier vrijheden van Roosevelt te garanderen voor werknemers. En stelt hij een heel scala aan bezuinigingsvoorstellen voor, met als doel de overheid kleiner te maken en de belastingdruk te verlagen. Hij is tegen progressieve belastingstelsels (een systeem waarbij hogere inkomens relatief meer betalen) en zet zich af tegen handelsbarrières. Het boek is tevens een pleidooi tegen een wettelijk minimumloon, omdat dit volgens hem alleen maar zou leiden tot hogere werkloosheid. Van onderhandelingen met vakbonden moet Friedman al helemaal niets hebben. Collectieve arbeidsovereenkomsten ziet hij als een soort monopolies die het soepel verschuiven van vraag en aanbod in de weg zitten. Tot slot stelt de econoom onomwonden dat publieke diensten, van energiebedrijven, het spoor en de post tot de gezondheidszorg en het onderwijs, beter door de markt kunnen worden verzorgd dan door de overheid. Hij ontkent niet dat een overheid noodzakelijk is, maar wil die beperken tot enkele absolute kerntaken, zoals het garanderen van de binnenlandse én buitenlandse veiligheid en het bewaken van eigendomsrechten.[25]

Friedman probeerde zijn ideeën over de rol van de vrije markt te objectiveren aan de hand van wiskundige modellen over de economie. Nu is dit voor de beoefening van de theoretische economische wetenschap geen probleem. Sterker, het is in vele opzichten onmogelijk om de economie te beschrijven zonder modellen te gebruiken. Maar het wordt problematisch wanneer je uit het oog verliest dat het slechts een model is, een simplificatie van de werkelijkheid, gebaseerd op aannames.[26] Een economisch model toont slechts een stukje van de werkelijkheid. Meer niet. Bij economische modellen moeten we de onderliggende aannames altijd blijven testen en bevragen, in plaats van ze zomaar voor waar aan te nemen. Dat blijkt wel uit een aantal praktijkervaringen met de ideeën van Friedman.

Bekend is Friedmans pleidooi om het openbareschoolsysteem te vervangen door een privaat systeem met vouchers. Leerlingen zouden vouchers krijgen waarmee zij zelf mochten bepalen naar welke school ze wilden gaan. De onderlinge competitie zou scholen volgens de theorie beter laten presteren. Zweden – een land met een sterke sociaaldemocratische traditie – heeft begin jaren negentig een variant van dit systeem ingevoerd. Het pakte helaas anders uit. De kwaliteit van het onderwijs ging achteruit. Toen private investeerders hun geld uit de scholen terugtrokken, dreigde bovendien een golf van faillissementen onder Zweedse scholen.[27] Dat het kennisniveau daardoor zou kunnen zakken met alle economische gevolgen van dien, viel helemaal buiten het model.

Ook in Nederland hebben we met eigen ogen kunnen waarnemen waar de beloftes van Friedman in de publieke sector toe hebben geleid. Na de privatisering van de kinderopvang hebben Britse investeerders Nederlandse crèches opgezadeld met een half miljard aan schulden. In de zorg zijn de kosten na de introductie van marktwerking verdubbeld, terwijl artsen en verpleegkundigen zijn overstelpt met bureaucratie. De geprivatiseerde postmarkt functioneerde het afgelopen decennium zo slecht dat het kabinet deze marktoperatie in 2019 de facto ongedaan heeft gemaakt. En voor onze energievoorziening zijn we tegenwoordig afhankelijk van de grillen van buitenlandse (staats)bedrijven.[28] Geen van deze negatieve uitkomsten was voorzien in de modellen die ten grondslag lagen aan dit beleid.

Na de publicatie van *Capitalism and Freedom* winnen de neoliberalen, zoals de leden van de Mont Pèlerin Society vaak worden aangeduid, snel aan populariteit onder hooggeplaatste functionarissen uit het bedrijfsleven.[29] In de bestuurskamers van de florerende bedrijven wordt in de jaren zestig volop gemokt. We schreven eerder hoe de economie na de oorlog drie decennia van ongekende groei doormaakt. Natuurlijk leidden directeuren en (groot)aandeelhouders in de jaren vijftig comfortabele levens. De winsten van bedrijven en beloningen van bestuurders bleven desalniettemin relatief laag. Dit heeft alles te maken met de maatschappelijke opvatting van die tijd, over wat een bedrijf eigenlijk is, en in het verlengde daarvan wat de economie eigenlijk is. Bedrijven zijn dan nog bovenal vehikels om grote groepen werknemers samen te laten werken aan diensten of producten die de samenleving op de een of andere manier beter maken.[30]

In september 1970 besluit Milton Friedman dat het tijd is voor verandering. Bedrijven zijn in zijn ogen te log en te groot geworden. De winsten blijven bovendien achter. Het management is te veel bezig met allerlei sociale doelstellingen die in zijn ogen de samenleving niet verder helpen. Hij stuurt een opiniestuk naar het gezaghebbende *The New York Times Magazine,* dat het plaatst met de weinig verhullende kop: 'The Social Responsibility of Business is to Increase its Profits'.[31] Friedman valt in het artikel meteen met de deur in huis. Bedrijfsdirecteuren die zeggen dat ondernemingen zich met een breed scala aan doelen moeten bezighouden, zoals het tegengaan van discriminatie, voorkomen van vervuiling of het bieden van duurzame werkgelegenheid, zijn niets minder dan socialisten; poppen die dansen naar de grillen van Keynes en de zijnen. Friedman gaat zelfs zo ver dat hij maatschappelijk betrokken bestuurders afschildert als 'een bedreiging voor de vrije samenleving'. In zijn ogen is de enige maatschappelijke verantwoordelijkheid van bedrijven het maken van winst, zoals het artikel kopt. Het artikel is het startschot voor een campagne om het bestaansrecht van ondernemingen en hun bestuurders stukje bij beetje te herdefiniëren. Welgestelde geestverwanten van Hayek en Friedman zijn graag bereid hier een financiële bijdrage aan te leveren. Maatschappelijke verantwoordelijkheid, impact, milieu, de belangen van het personeel; winst gaat voor.[32]

Politieke kanonnen

Hayek heeft weinig fiducie in het vermogen van de Mont Pèlerin Society om politici op basis van argumenten te winnen voor hun beleidsvoorstellen. Politici, zo houdt Hayek zijn gevolg voor, zijn gevangenen van de publieke opinie.[33] En het publiek heeft helemaal geen probleem met de naoorlogse keynesiaanse wereldorde, integendeel. Het is vrede, er is werk, er zijn vrije weekends, gewone mensen kunnen zich auto's permitteren en een groeiende groep werknemers kan 's zomers op vakantie. Als je onder zulke omstandigheden verandering wilt bewerkstelligen, moet je het discours waarop politici hun beslissingen baseren aanvallen. Daar was niet zozeer wetenschap voor nodig, als wel een goed uitgedokterde pr-campagne. Het beste vehikel daarvoor zou een intellectueel instituut zijn dat 'de strijd der ideeën' aan kon gaan; oftewel een denktank.[34]

Hayek, die inmiddels naar Chicago is verhuisd, vindt

in Lewis Powell (1907-1998) een gelijkgestemde. Powell, bedrijfsjurist en directielid van de tabaksfabrikant Philip Morris, schrijft in 1971 onder de weinig eufemistische titel *Attack on American Free Enterprise System* een vertrouwelijk memo voor de Amerikaanse belangenvereniging voor het bedrijfsleven, de USCC.[35] In deze vijfduizend woorden tellende paper waarschuwt Powell de leden van de USCC dat hun bestaan op het spel staat als ze er niet in slagen zich te verenigen en de strijd aan te gaan met 'het linkse establishment'. Hij eindigt met een duidelijke boodschap aan het Amerikaanse bedrijfsleven: terugvechten.

Het memo leest als een tamelijk paranoïde betoog van een man die overal staatsgevaarlijke elementen ontwaart. Zo is de echte vijand van het Amerikaanse bedrijfsleven volgens Powell niet het beperkte groepje extreemlinkse radicalen, maar eerder het geheel aan algemeen geaccepteerde instituties, zoals de universiteiten, de media, literaire tijdschriften, kunstenaars, wetenschappers en natuurlijk politici. Ondernemingen dienen een guerrillatactiek toe te passen tegen al deze ondermijnende elementen. Ze moeten invloed zien uit te oefenen op de publieke opinie, door de belangrijkste spelers daarin geruisloos te veroveren. Dit zijn volgens hem de academische wereld, de media, de kerken en, heel Amerikaans: het rechtssysteem[*]. Amerikaanse ondernemers moeten binnen die werelden posities veroveren en de inhoud van collegeboeken, nieuwsverslagen en rechtsuitspraken langzaam maar zeker beïnvloeden.

---

[*] In de Verenigde Staten zijn rechters politieke benoemingen.

Hoe groot de invloed van het memo van Powell precies is geweest, is natuurlijk lastig vast te stellen. Feit is dat Powell kort na de publicatie van zijn memo door president Nixon werd benoemd tot rechter in het Amerikaanse hooggerechtshof. In de jaren daarna heeft een heel leger aan door steenrijke families gefinancierde denkers, onderzoekers en journalisten zijn opmars gemaakt in de Amerikaanse instituties. In die periode ontstaat eveneens een wildgroei aan privaat gefinancierde denktanks. Belangrijke namen zijn bijvoorbeeld de Heritage Foundation, het Hoover Institution, Center for the Study of American Business, American Enterprise Institute en Cato Institute. De trend waait ook over naar Engeland, waar het inmiddels prominente Adam Smith Institute het levenslicht ziet.[36]

De denktanks doen eigen onderzoek, vaak ideologisch geladen, en beïnvloeden het debat door met alternatieve plannen en voorstellen te komen. Het Britse Adam Smith Institute staat er ook om bekend zogenaamde 'power lunches' te organiseren, waarbij donateurs van het instituut – mits ze voldoende bijdragen – in gesprek kunnen met politici en journalisten. Pas als vele jaren later verhalen hierover in verschillende media verschijnen, verwijdert het instituut teksten over dergelijke activiteiten van zijn website.[37] Het tij keert: de vele denktanks scheppen een klimaat waarin bestuurders uit het grote bedrijfsleven zich weer openlijk durven te keren tegen alle sociale wetgeving die na de oorlog is ingevoerd. Hayek bereikt wat hij al die jaren geleden op een afgelegen berg in Zwitserland is begonnen. In dertig jaar tijd hebben hij en zijn geestverwanten een wereldwijd netwerk gesmeed van journalisten, captains of industry, wetenschappers en beleidsmakers, die een samenleving voorstaan waarin economische vrijheid en het najagen van individuele welvaart niet langer worden geremd door sociale wetgeving. Tegen het einde van de jaren zeventig staan alle stukken op hun plek voor een geruisloze ideeënrevolutie.

Terug bij af

Op welke momenten verandert de wereld? Naomi Klein heeft het omschreven als 'de shockdoctrine', anderen gebruiken de bekende frase 'never waste a good crisis'. Voor de beweging van Hayek en Friedman is het duidelijk dat daadwerkelijke verandering alleen tot stand komt tijdens en na een stevige crisis, of zoals Friedman zelf zegt: "Only a crisis – actual or perceived – produces real change. When that crisis occurs, the actions that are taken depend on the ideas that are lying around."[38] Als die echte of gevoelde crisis zou plaatsvinden, was het aan denkers als Friedman om te zorgen dat de juiste ideeën klaarlagen, vond hij zelf.[39]

De crisis van twee wereldoorlogen heeft het strand schoongespoeld voor het werk van Keynes, Adenauer en Drees. De naoorlogse periode lijkt eindelijk *gemütlich*, de vrede historisch. De gedeelde rijkdom van Les Trente Glorieuses maakte dat sociaalmaatschappelijke onderwerpen te bevechten zijn. Maar vette jaren worden al sinds mensenheugenis afgewisseld door magere jaren. De economische crisis die tegen het einde van de jaren zeventig uitbrak na dertig jaar haast onafgebroken groei, heeft de weg vrijgemaakt voor de neoliberalen. Sinds de Tweede Wereldoorlog zijn we zo gewend geraakt aan het idee dat economische groei resulteert in meer welvaart voor alle werkenden, dat niemand met noemenswaardige invloed nog overziet dat het schrappen van sociale regelgeving de ongelijkheid tussen arbeid en kapitaal ook weer zal doen vergroten. Met alle maatschappij ontwrichtende bijverschijnselen van dien. En zo zijn we weer terug bij af, in Wassenaar.

We begonnen onze zoektocht met een simpele vraag: hoe kan het dat de lonen minder snel stijgen dan de economie? Op basis van een mix van journalistiek handwerk, persoonlijke observaties en literatuuronderzoek zijn we op zoek gegaan naar antwoorden, maar er komen alsmaar vragen bij. Inmiddels dreigen we de grip op ons onderwerp te verliezen. Natuurlijk zou de conclusie kunnen zijn dat we de naoorlogse keynesiaanse investeringspolitiek weer zouden moeten omarmen. De politieke koers uit de glorieuze jaren heeft uitstekend gewerkt voor de wederopbouw, en heeft bovendien grote delen van de voormalige arbeidersklasse verheven tot middenklasse. We zijn tijdens onze zoektocht bevangen geraakt door de idealen van wederopbouwers als Dirk Stikker, die in het algemeen belang de verbinding zochten met voormalige tegenpolen. Maar de uitdaging waar wij nu voor staan wijkt te veel af van de naoorlogse jaren om het beleid van destijds als blauwdruk te kunnen gebruiken om de welvaart weer evenwichtig te verdelen. Tenslotte, in 1945 lag Nederland in puin en waren we collectief berooid. Anno 2020 zijn we als land rijker dan ooit, maar zijn we de verdeelsleutel voor de welvaart verloren. En alsof dat niet al genoeg is, heeft de coronacrisis het speelveld nog veel verder onder druk gezet. Terwijl zzp'ers zijn veroordeeld tot een sociaal minimum en het midden- en kleinbedrijf – ondanks een crisisregeling van de overheid – vecht voor overleving, pompen de centrale banken en overheden miljarden in de economie om banken en multinationals overeind te houden. Op korte termijn is dit wellicht onvermijdelijk, maar als het hierbij blijft, vrezen wij dat deze aanpak na de crisis tot nog veel meer fantoomgroei zal leiden. De crisis toont meer dan eens aan hoe kwetsbaar de miljoenen Nederlandse flexkrachten daadwerkelijk zijn. Hoe zullen we na de crisis als samenleving naar hen omkijken? En krijgt de publieke sector straks net als in 2008 de rekening gepresenteerd? Veertig jaar marktbeleid heeft de institutionele solidariteit tussen de inkomensgroepen uitgehold.

Als er één moment is voor onze generatie(s) om het roer om te gooien, dan is het nu. De coronacrisis toont ons meer dan ooit hoe absurd de wereld tegenwoordig in elkaar zit. Wat begon als een virus op vermoedelijk een lokale Chinese voedselmarkt, groeide binnen drie maanden uit tot een pandemie die regeringen wereldwijd dwong hele sectoren van de economie met een ongekende schok stil te zetten. Burgerlijke vrijheden werden opgeschort, grenzen gesloten en onze economieën zullen waarschijnlijk jaren nodig hebben om deze crisis weer volledig te boven te komen. Terwijl het virus zich door de mondialisering razendsnel heeft kunnen verspreiden, lijken we bovenal op zoek naar nationale oplossingen om dit wereldwijde probleem effectief te bestrijden. Ieder land voert zijn eigen beleid, alsof het geïsoleerde eilanden zijn. En dat in een wereld waarin veel Europese landen, Nederland voorop, door de globalisering het vermogen verloren om snel zelf voldoende mondkapjes, testmateriaal en beademingsapparatuur te produceren. Tot het einde van de vorige eeuw hadden we met Philips en de Nederlandse staatsvaccinfabriek vrijwel alles wat we nodig gehad zouden hebben om een dergelijke crisis op eigen bodem te bestrijden. Maar de vaccinfabriek is geprivatiseerd, de bijbehorende kennis en technische infrastructuur is verdwenen naar het buitenland. Philips is voor de productie van beademingsapparatuur tegenwoordig afhankelijk van 621 kleine toeleveranciers, verspreid over drie continenten, die allemaal een cruciaal onderdeel voor de levensreddende machines maken. Er hoeft maar één leverancier niet te kunnen leveren, vanwege een nationale *lockdown* of exportbeperking, en de productie stokt.[40]

De coronacrisis leert ons dat we onze wereld veel beter moeten gaan doordenken. Wie uit kostenoverweging kiest voor goedkope productie overzee, moet ook goede afspraken maken voor noodgevallen. De huidige crisis bewijst meer dan eens dat de markt volstrekt tekortschiet om die leveringszekerheid te garanderen. Met duizenden doden en miljarden aan economische schade als gevolg.

Nog zorgwekkender is het feit dat de coronacrisis slechts een voorbode is voor een nog veel grotere ecologische, en economische, ramp die ons te wachten staat als we niet snel een vuist maken tegen klimaatverandering. Wellicht is het (in theorie) mogelijk om ons achter de dijken te verschuilen voor een volgende pandemie. Mits we weer volledig zelfvoorzienend worden in al onze productie, en we collectief stoppen met reizen. Maar in de strijd tegen de opwarmende aarde bieden onze dijken geen soelaas. Tenzij wij een internationale oplossing vinden om dit globale probleem effectief het hoofd te bieden, spoelt het water tegen het einde van deze eeuw – of kort daarna – simpelweg over onze dijken heen.

Als we Friedman mogen geloven, bepalen de ideeën die tijdens een crisis klaarliggen hoe de toekomst eruit zal zien. Wellicht schuilt daarin ook een kans. Zouden we deze crisis kunnen gebruiken om tot een socialere, schonere en rechtvaardigere wereld te komen? Hayek geloofde dat echte verandering pas ontstaat wanneer het discours verandert. Die mogelijkheid ligt er vandaag de dag ook, al zal het niet vanzelf gaan. Want als onze zoektocht ons één les heeft geleerd, is het deze: een ideeënrevolutie ontstaat niet zonder een ideeënstrijd. Laten wij vooropgaan in die strijd. Laten wij samen het paradigma van het economische denken van Hayek, Friedman, Rutten en al die anderen achter ons laten. En laten wij op zoek gaan naar een nieuw, beter en duurzamer verhaal voor de economie. Om dit nieuwe verhaal te kunnen schetsen, moeten we eerst een veel fundamentelere vraag beantwoorden.

III
Een nieuw verhaal

'If you're looking for sympathy, you'll find it between shit
and syphilis in the dictionary.'
David Sedaris

6
Wat is de economie?

Misschien kwam het uit een soort persoonlijke schaamte. Misschien omdat we, als mensen, nu eenmaal slecht in staat zijn onze diepste veronderstellingen te bevragen. Wij waren in ieder geval al enige tijd onderweg in ons onderzoek toen wij elkaar voorzichtig de vraag durfden te stellen: wat is een economie eigenlijk? Het lijkt zo'n basale vraag dat je er lange tijd overheen kijkt. Sommige dingen bestaan gewoon. Punt uit. Als scholier krijg je les in economie, dagelijks bombarderen krantenpagina's en nieuwswebsites je (onder)bewustzijn met berichten over de zoveelste economische tijding. Is het dan niet gek dat we niet zo een-twee-drie kunnen benoemen wat die economie nou precies is?

In ons geval voelt het nog onnozeler. Ik (Hendrik) heb eindeloos veel beleidsnotities geschreven met voorstellen die, volgens de werkgevers, zouden leiden tot een sterkere economie. En ik (Sander) heb er tien jaar economische (onderzoeks)journalistiek op zitten. Ik schreef er zelfs al een boek over.[1] In geen van die publicaties omschreven we wat we eigenlijk bedoelen met die economie. Zoals een sportverslaggever erop rekent dat zijn publiek weet wat voetbal of de Tour de France is, hebben wij simpelweg altijd verondersteld dat iedereen, inclusief wijzelf, weet wat 'de economie' is.

Maar als je een kind vraagt om een tekening te maken van de economie, zal hij je vertwijfeld aankijken. Een tekening van... wat precies? Hoe leg je een kind uit wat de economie is? We kunnen de economie niet zien, aanwijzen of aanraken. We kunnen de economie niet ruiken, horen of proeven. We kunnen niet zeggen waar de economie zich op dit moment bevindt. De economie is geen machine die ergens in een loods in een weiland staat te pruttelen en van tijd tot tijd onderhoud behoeft. Noch is de economie een woest monster of juist pluizig knuffeldier dat we moeten vrezen, koesteren of verzorgen. We kunnen op zijn best stellen dat de economie een idee is. Een door mensen bedacht concept om een uitspraak te kunnen doen over de bedrijvigheid in een stad of land.

Als we dit weten, waarom kennen we dan zoveel fysieke kenmerken toe aan die economie? Waarom vertellen we elkaar dat het fijn is als de economie 'gezond' is, en raken we bezorgd als de economie 'kwakkelt'? Wat betekent het voor ons dagelijks leven als de economie 'sterk', 'zwak' of 'fragiel' is? Wat staat ons te doen als we stellen dat de economie toe is aan 'onderhoud'? Dat er zoiets bestaat als voodoo toepassen op de economie.[2] En waarom is het een politieke doodzonde om maatregelen voor te stellen die de economie 'schaden'?

Gezien het gemak waarmee we in het dagelijks leven worden doodgegooid met berichten over de economie, blijkt het verbazingwekkend complex om een eenduidige definitie te vinden van wat een economie nu precies is. Dus daar zaten we, zwijgend. In de hoop dat de ander een strakke definitie voor de economie wist te formuleren. Uiteindelijk zat er niets anders op dan ons onder te dompelen in alles wat anderen hierover schreven.³

Het verhaal van de economie

Meer dan tweeduizend jaar geleden verwees de Griekse schrijver Xenophon met de term economie naar de *kunst* van het managen van het huishouden.⁴ Economie is in de opvatting van Xenophon dus nadrukkelijk geen *wetenschap*, maar een *vaardigheid* waarin je kunt uitblinken. Zoals je tegenwoordig een goede boekhouder of briljante accountant kunt zijn. De oud-Griekse benadering van de economie had niets met landelijk beleid te maken. Sterker, landen bestonden überhaupt niet in de tijd van Xenophon.* De oude Grieken leefden, net als eindeloos veel andere stammen en clans in de geschiedenis, in zelfvoorzienende groepen die je het best kunt vergelijken met grote huishoudens. Leden van deze gemeenschappen kenden meestal een strikt hiërarchische onderverdeling naar rangen, standen of andersoortige posities, waarbij vaker wel dan niet een centraal figuur de dienst uitmaakte. In het antieke Athene was dit een kleine elite van vrije mannen. In het Romeinse Rijk de pater familias. In Nederland in de Middeleeuwen de lokale landheer.

---

* Een deel van deze antieke betekenis leeft vandaag de dag voort in bijvoorbeeld het Frans, waar het werkwoord *economiser* nog altijd 'sparen' of 'bezuinigen' betekent.

De landheren uit de Klassieke Oudheid en de Middeleeuwen waren verantwoordelijk voor bestuur, bescherming en rechtspraak in de gemeenschap. In ruil droegen leden van de gemeenschap een deel van hun oogst of geproduceerde goederen aan hen af. Begrippen als winst of geld bestonden in deze zelfvoorzienende gemeenschappen niet. Sterker, in de Middeleeuwen lag er in de meeste Europese landen een absoluut taboe op het maken van (te veel) winst. Hebzucht was om verschillende redenen sinds de oude Grieken al een slechte eigenschap.[5] En sinds Jezus de woekeraars uit de tempel verjoeg werd *avaritia* (hebzucht) ook in de christelijke traditie gerekend tot de zeven hoofdzonden. Veel van deze zelfvoorzienende groepen bestonden bij de gratie van de inspanningen van de hele gemeenschap. Om deze bijdragen te kunnen leveren, hadden mensen behoefte aan grond om gewassen op te verbouwen, en steppen en bossen om in te jagen. Niemand had deze in bezit. De gronden waren de zogeheten *commons*, door filosoof Hans Achterhuis vertaald als gemeenheid. Achterhuis: 'De gemeenheid was dat deel van de omgeving dat buiten iemands huisdrempel en eigendom lag, maar waarop hij een erkend gebruiksrecht bezat.'[6] Mensen konden van de gemeenheid gebruikmaken om in hun levensonderhoud te voorzien, maar mochten deze zich nooit toe-eigenen of exploiteren. Als groep deelden ze het gebruik van de grond. Het idee dat het land van iedereen was, werd van ouder op kind doorgegeven. In hun beleving was dat nu eenmaal hoe de wereld werkte.

Tegen het einde van de Middeleeuwen had de adel, vaak met grof geweld, een einde gemaakt aan de commons van weleer. Collectieve gronden werden ingenomen en afgebakend met hekken, opdat de opbrengsten van het land voortaan exclusief toevielen aan de nieuwe grondeigenaren. Met de privatisering van collectieve landbouwgronden is een eerste aanzet gegeven tot het ontstaan van een nieuw economisch samenlevingsmodel. Plotseling ontstond de mogelijkheid van eigendom en exploitatie van grote stukken grond, en de mogelijkheid om winst te maken. Het idee dat je jezelf collectief bezit simpelweg kunt toe-eigenen is in de zestiende eeuw even radicaal als ontwrichtend. Hoewel deze zogenoemde *enclosures* de eerste aanzet geven tot het ontstaan van onze huidige markteconomie, lijkt deze economische omwenteling op dat moment nog geen aanleiding voor denkers om de definitie van Xenophon te herzien. Dat komt pas later, als de Industriële Revolutie de samenleving in sneltreinvaart verandert. De Schot James Steuart is in 1767 de eerste die met een nieuwe omschrijving komt voor de aard en het doel van de economie:

> Economie is het verzekeren van goede leefomstandigheden voor mensen, zorgen voor voldoende werk zodat iedereen bij kan dragen, en het creëren van een bloeiende samenleving gebaseerd op wederkerigheid.[7]

Het denken van Steuart werd tien jaar later aangevuld door zijn landgenoot en moraalfilosoof Adam Smith. In zijn bekendste werk, *The Wealth of Nations*, stelt Smith dat de economie als discipline twee doelen heeft. Ten eerste dient de economie voldoende inkomen te creëren voor mensen om hun welvaart te kunnen verzekeren. Ten tweede dient de economie de staat te voorzien van voldoende inkomen om publieke diensten te kunnen organiseren.[8] Steuart en Smith definiëren de economie als instrument om maatschappelijke doelen te bereiken, of juist te voorkomen. Het is een middel dat landen kunnen gebruiken in hun ontwikkeling tot iets hogers, beters, mooiers, sterkers. Zowel Steuart als Smith formuleerde een duidelijke doelstelling voor iedereen die zich bezighield met economie: hoe bereiken we een zo welvarend mogelijke en bloeiende samenleving? Voor Steuart en Smith zijn politiek en economie onlosmakelijk met elkaar verbonden. De samenleving moet immers keuzes maken over welke doelen zij nastrevenswaardig acht en welke zaken juist te allen tijde voorkomen moeten worden. Hun vakgebied wordt dan ook hoogstens omschreven als 'politieke economie'.

Voor Xenophon betekende economie het managen van het huishouden, voor Smith en Steuart betekende economie de kunst van het managen van staten. Let op: kunst, vaardigheid, middel, instrument. Ze definiëren economie dus niet als exacte wetenschap. Maar het heeft er alle schijn van dat latere denkers het werk van Smith wel heel eenzijdig hebben gelezen.

De mythe van de onzichtbare hand

In een ultieme poging grip te krijgen op onze vraag wat de economie nu eigenlijk is, besloten we *An Inquiry into the Nature and Causes of the Wealth of Nations* van Adam

Smith er zelf op na te slaan. Het boek is een mix van ethiek, geschiedenis, psychologie, politieke filosofie en politieke economie. Het magnum opus telt meer dan duizend pagina's en bestrijkt allerlei onderdelen van het leven in de ontluikende industriële samenleving. Het is een misvatting te denken dat het boek alleen gaat over 'de economie' zoals we die vandaag de dag zien. Zoals we eerder al constateerden, bestaat de economische wetenschap in de tijd van Smith nog helemaal niet.

Het denken van Smith was complex en verreikend, het is onmogelijk om het te versimpelen tot een samenvatting van enkele zinnen. Toch is dat precies wat er later gebeurt met de metafoor van de onzichtbare hand die Smith in zijn boek introduceert. Smith schrijft hierover:

> Wanneer hij de voorkeur geeft aan de bevordering van de binnenlandse bedrijvigheid boven die van de buitenlandse bedrijvigheid, probeert hij uitsluitend zijn eigen belang veilig te stellen; en wanneer hij die bedrijvigheid zodanig stuurt dat de opbrengst ervan de grootst mogelijke waarde heeft, is hij enkel uit op eigen gewin. Zoals bij zoveel andere zaken wordt hij er hier door een onzichtbare hand toe gebracht om een doel te bevorderen dat hij volstrekt niet op het oog had. Ook is dit niet altijd nadelig voor het land voor zover dat daar geen deel aan had. Door zijn eigen belangen na te streven bevordert hij de belangen van het land dikwijls effectiever dan wanneer hij die rechtstreeks probeert te bevorderen.[9]

Wie alleen deze woorden leest, kan gemakkelijk de indruk krijgen dat Smith de deur open heeft gezet voor een economisch model waarin het nastreven van ongebreideld eigenbelang het hoogste goed is. Sterker, zo is hij de laatste twee eeuwen ook geïnterpreteerd.

We maken een sprong in de tijd naar het einde van de jaren tachtig van de twintigste eeuw. De film *Wall Street* (1987) van de Amerikaanse regisseur Oliver Stone vertelt het verhaal van de jonge beurshandelaar Bud Fox en de beruchte investeerder Gordon Gekko. Gekko heeft een reputatie opgebouwd door het opkopen en ontmantelen van bedrijven, met miljoenenwinsten voor zijn aandeelhouders – en duizenden ontslagen voor medewerkers – als gevolg. Gekko houdt ons in de film voor dat de meedogenloze wijze waarop hij bedrijven en banen ontmantelt om zelf snel geld te verdienen in ieders belang is: hebzucht, in al zijn verschijningsvormen, is de bron van menselijke vooruitgang. De film was bedoeld als aanklacht tegen de hebzucht en het gebrek aan moraal in de wereld van het grote geld, maar had een tegenovergesteld effect. De film leidde zelfs tot een stijging van het aantal studenten dat graag op Wall Street wilde werken.[10] Later dat jaar beleefden de financiële markten een van de zwaarste *crashes* sinds de beursimplosie van de jaren twintig. Op maandag 29 oktober 1987 slaat de paniek in Hongkong toe en verspreidt deze zich via Europa naar de Verenigde Staten, waar aandelenprijzen aan het eind van de dag met bijna een kwart zijn gekrompen. Speculatie door handelaren als Gekko speelde een grote rol bij de historische verliezen. Toch is in *The New York Times* van januari 1988 zonder enige ironie de volgende kop te vinden: 'Ban Greed? No: Harness It'.[11]

Het is bijna onvoorstelbaar. In de nasleep van de crash verliezen miljoenen werknemers hun baan, hun spaargeld, hun huis en hun dromen over de toekomst. Miljarden aan pensioenreserves verdampen. Waarom weten de film en de beurscrash dan toch geen einde te maken aan de verheerlijking van hebzucht?[12] Volgens de auteurs van het artikel in *The New York Times* – het artikel is exemplarisch voor de tijdsgeest van toen – is de positieve kracht van hebzucht en het individuele eigenbelang terug te brengen tot de onzichtbare hand van Smith en een tweede befaamde passage uit zijn werk:

> Het is niet vanwege de welwillendheid van de slager, de brouwer of de bakker dat wij onze maaltijd verwachten, maar vanwege hun eigen belang. Wij doen geen beroep op hun menslievendheid, maar op hun eigenliefde en spreken nooit over onze noden, maar over hun belangen. Alleen een bedelaar kiest ervoor om voornamelijk van de welwillendheid van zijn medeburgers afhankelijk te zijn.[13]

De magie van de onzichtbare hand verzekert volgens deze denkers dat wanneer elk individu zijn eigen belang nastreeft, dit tot de beste uitkomsten voor iedereen leidt. Hebzucht is het gereedschap waarmee we een welvarendere wereld bouwen. De plek waar dit het best tot zijn recht komt is 'de vrije markt'. In onze economielessen vroeger op school werd dit als volgt uitgelegd: de samenleving (en daarmee de economie) bestaat uit twee soorten mensen: afnemers en aanbieders. Afnemers willen de best mogelijke producten tegen een bepaalde prijs, zodat zij daarmee hun leven vorm kunnen geven. Verkopers willen daarentegen producten verkopen tegen een bepaalde prijs zodat zij inkomen verdienen. Wanneer beide groepen de ruimte krijgen om die doelen na te streven, zullen ze ergens overeenstemming moeten bereiken. Verkopers verkopen producten tegen een prijs-kwaliteitverhouding die aansluit bij de wensen van kopers. Zo duwt de markt ons telkens naar een hoger welvaartsniveau. Wanneer op ontelbare plekken vraag en aanbod op deze manier bij elkaar komen, wordt de economie als door een onzichtbare hand voortbewogen terwijl iedereen profiteert. Dit zou het beste werken wanneer mensen de grootst mogelijke vrijheid genieten om de producten te maken die ze willen en het geld uit te geven aan wat ze willen. Met andere woorden: de onzichtbare hand moet zo min mogelijk last hebben van barrières en regelgeving van de overheid. Laisser-faire. Laat vraag en aanbod vrijelijk bij elkaar komen, dan komt het vanzelf allemaal wel goed.

De metafoor van de onzichtbare hand is al meer dan twee eeuwen een hoeksteen van het denken over de economie in de westerse wereld, en heeft het idee van laisser-faire door de tijd met zich meegedragen. Maar wanneer we nuchter kijken naar de wereld van vandaag de dag, met al haar fantoomgroei, kunnen we dan écht stellen dat hebzucht goed is voor iedereen?

Het kwam voor ons als een schok toen we zagen hoe vaak de term 'de onzichtbare hand' voorkomt in *The Wealth of Nations*: één keer. De schok was nog groter toen we ontdekten dat Smith de onzichtbare hand heel anders lijkt te bedoelen. Sterker, delen van zijn werk lezen veel eerder als een poging om de samenleving te beschermen tegen hebzuchtige industriëlen. Laten wij, op zoek naar een antwoord op de vraag wat de economie nu precies is, daarom kijken naar hoe Adam Smith óók te interpreteren is.

Hoe Smith het ook bedoelde

Adam Smith was bovenal een verlichtingsdenker, die fundamentele vragen opwierp over onze vrijheid. In zijn tijd werd de individuele vrijheid, aldus Smith, onder andere beknot door de innige relaties tussen overheden en grote bedrijven.[14] Europese regeringen hebben wettelijke monopolies toegekend aan grote ondernemingen. Het beroemdste voorbeeld is het alleenrecht van de Vereenigde Oostindische Compagnie (VOC) op de handel tussen de Nederlandse Republiek en Azië, maar tegen het einde van de achttiende eeuw is ook een groot deel van de Britse economie op deze wijze georganiseerd.

Deze monopolies worden gerechtvaardigd vanuit het idee dat landen sterker worden ten opzichte van andere mogendheden naarmate ze meer goederen exporteren dan importeren. De VOC heeft haar monopolie dan ook verkregen om een einde te maken aan schermutselingen tussen handelsschepen uit verschillende Nederlandse steden. Met het monopolie hoopten de Staten-Generaal de Hollandse en Zeeuwse steden te dwingen om hun onderlinge twisten bij te leggen en samen de strijd aan te binden met Spaanse en Portugese handelscompagnieën.

De wettelijke monopolies zijn uiterst lucratief voor de grote handelaren. Zij lobbyen dan ook om de exclusieve rechten naar nieuwe sectoren uit te breiden. Aan dit mercantilisme, zoals het economisch systeem dat draait om de positie van handelaren wordt genoemd, kleven grote nadelen. Juist omdat de ondernemingen een beschermde positie genieten, kunnen ze veel te hoge prijzen vragen voor hun goederen. Bovendien ondervinden ze geen enkele prikkel om goed voor hun werknemers te zorgen. Zij hebben tenslotte ook een monopolie op een groot aantal beroepen.

Smith waarschuwt zijn tijdgenoten voor de toenemende invloed van handelaren en fabrikanten op de politiek. Hij ziet een ongezonde vermenging tussen beide groepen ontstaan.[15] De competitie tussen de nationale monopolisten van de verschillende Europese landen om bijvoorbeeld handelsroutes, is daarnaast zo fel dat deze geregeld leidt tot oorlogen. Het werk van Smith is onder andere een verdedigingslinie tegen de commerciële elite. Deze metafoor is geen pleidooi tegen regels en overheidsinterventie an sich, maar eerder tegen regels en overheidsinterventie in het belang van een economische elite ten koste van de gewone burger: 'Mensen uit hetzelfde vak ontmoeten elkaar zelden, zelfs voor vermaak of afleiding, maar het gesprek eindigt altijd met een samenzwering tegen het publiek of een slimme truc om de prijzen te doen stijgen.'[16]

Adam Smith probeerde met zijn boekwerk het Britse systeem om te gooien door de gevestigde commerciële belangen te bestrijden. Hij omschreef zijn eigen werk als een 'very violent attack [...] upon the whole commercial system of Great Britain'.[17] Smith hield een vurig pleidooi voor het beperken van de positie van machtige handelaren ten behoeve van de individuele vrijheid. Hij was niet bang voor overheidsinterventie, maar voor een overheid die als onderdrukkend instrument alleen de handelaren zou dienen.[18] De vrije mens is altijd het einddoel. Wanneer dat regels en wetten vraagt, is dat geen probleem.[19] De tragiek is dat zijn werk wordt gebruikt om het systeem te rechtvaardigen dat hij zo probeerde te bestrijden. De onzichtbare hand vraagt ruimte voor bedrijven zodat vraag en aanbod goed naar elkaar kunnen bewegen. Hoe kan het dat zijn werk zo wijdverbreid is geaccepteerd en verkeerd geïnterpreteerd?

De zwaartekracht heeft geen lievelingskleur

Adam Smith heeft zijn magnum opus nauwelijks gepubliceerd als vakgenoten voorzichtig voorstellen om de wiskunde los te laten op de kunst van de economie. In het kielzog van de natuurwetenschappers willen ze de 'natuurwetten' achter het economische raderwerk identificeren.[20] Ze gaan op zoek naar vaste patronen waarmee mensen werken, luieren, handelen en investeren, met als ultieme doel om uit deze patronen wiskundige formules te destilleren op basis waarvan ze betrouwbare uitspraken over de toekomst van de economie, en het effect van bepaalde beleidsmaatregelen, kunnen doen. Ze proberen de onzichtbare hand van Adam Smith als het ware te vangen in een formule.

Tegen het begin van de twintigste eeuw spreekt vrijwel niemand meer over de zachte 'politieke economie'. De Britse econoom Lionel Robbins van de London School of Economics definieert het vakgebied in 1932 als de 'wetenschap die menselijk gedrag bestudeert binnen de keuzes die gemaakt worden bij het inzetten van schaarse middelen en gewenste doelen die mensen hebben'.[21] Anders gezegd gaat de economie volgens Robbins over het analyseren en begrijpen van de beperkte keuzes die mensen maken bij het inzetten van hun geld, tijd en energie. Gregory Mankiw – een van de grondleggers van het moderne economieonderwijs en vandaag de dag nog altijd hoogleraar economie aan de prestigieuze Amerikaanse Harvard-universiteit – is erin geslaagd een nóg compactere definitie te formuleren: 'economie is [het bestuderen van] de manier waarop een samenleving haar schaarse middelen gebruikt'.[22]

Wie goed kijkt naar deze laatste twee omschrijvingen, ziet dat er een fundamentele verschuiving heeft plaatsgevonden in het praten over de economie, zo betoogt ook econoom Kate Raworth in haar boek *Doughnut Economics*. Waren de vroegere denkers bezig met een model dat zich duidelijk richtte op het behalen van bepaalde doelen – 'welvaart voor iedereen, werk, een bloeiende samenleving' – en dat daarmee fundamenteel politiek van aard was, de moderne denkers zijn helemaal niet meer bezig met doelen en waarden. Zij willen slechts economische processen verklaren, als ware het een exacte wetenschap.[23] Als de zwaartekracht geen politieke voorkeur of vooringenomenheid heeft, zo is de gedachte, waarom zou de economie dit dan wel hebben?

Door de opkomst van de economie als natuurwetenschap, verloor de onzichtbare hand van Adam Smith zijn status als metafoor en transformeerde in een economische wetmatigheid. In feite gebruiken ze de wiskunde zo als geitenpad langs de moraal. Tenslotte, wanneer je economische ontwikkelingen kunt vervatten in mathematische wetmatigheden, ontsla je jezelf van de verplichting om de vraag te stellen of het wel rechtvaardig is om te bouwen aan een samenleving waarin ongelijkheid groeit, en welvaart en welzijn ongelijk zijn verdeeld. Helaas blijven de vermeende wetmatigheden waarop ons economische beleid van de afgelopen veertig jaar is gebaseerd in praktijk niet overeind: winsten stijgen, de lonen veel minder. De economie groeit, de welvaart voor lang niet iedereen, zelfs niet voor miljoenen werkenden. Toch worden de modellen op basis waarvan economisch beleid wordt gemaakt niet zo makkelijk overboord gegooid. Met andere woorden: we hebben eerder met een diepgewortelde overtuiging dan een falsifieerbare theorie te maken. Er is meer ideologie in het spel dan sommigen ons – of zichzelf – graag doen geloven.

De kracht van een goed verhaal

Wij mensen hebben een lange traditie van het verzinnen van talige constructies om betekenis te geven aan dingen die we niet kunnen zien, ruiken, horen, aanraken of begrijpen. Neem de oude Grieken. Zij hadden geen idee waarom het soms stormde, bliksemde of regende. Waarom het eerst eb was, en dan weer vloed. Waarom mensen verliefd werden of doodgingen. Om grip te krijgen op het ongrijpbare, bedachten de Grieken verhalen waarin ieder natuurverschijnsel en iedere emotie werd toegeschreven aan een god of godin. En daar bleef het niet bij. De Grieken bouwden tempels om hun goden te vereren en brachten hun kostbare offers om ze gunstig te stemmen. Wat begon als een verhaal, werd een realiteit op zich. Uiteindelijk raakten de Grieken zo overtuigd van het bestaan van hun goden, dat eenieder die openlijk kritiek durfde te uiten op die goden moest vrezen voor zijn leven. Zoveel werd duidelijk toen de Atheense wijsgeer Socrates voorstelde om een aantal traditionele goden te vervangen door nieuwe creaties. De Atheners beschuldigden Socrates prompt van blasfemie en veroordeelden de wijsgeer in het jaar 399 voor Christus tot het drinken van de gifbeker.

Tegenwoordig zijn er nog maar weinig mensen die geloven dat de Griekse goden werkelijk hebben bestaan, maar we leven nog altijd in een wereld die goeddeels wordt vormgegeven door de verhalen die we elkaar vertellen. Over wie we zijn, waar we vandaan komen en waartoe we op aarde zijn. Over onze religies, regionale trots en volksaard. Over onze normen, waarden en ons gevoel voor rechtvaardigheid. In sommige van die verhalen geloven we zo sterk dat ze een eigen leven gaan leiden. Dat zijn fantomen, onzichtbare constructies die slechts bestaan bij de gratie van het geloof in de verhalen die we elkaar vertellen. We kunnen ze niet aanraken of zien. We kunnen er alleen over praten. Deze fantomen zijn in onze beleving zo echt en vanzelfsprekend, dat we bereid zijn om onze hele samenleving in het teken van zo'n verhaal te stellen, zonder dat het überhaupt nog in ons opkomt om de oorsprong of het maatschappelijk nut ervan te bevragen. Het verhaal dat we elkaar vertellen over de economie is ook zo'n fantoom.

Hoe sterk we ons nog altijd laten leiden door de verhalen die we elkaar vertellen, realiseerde ik (Hendrik) mij toen ik in het voorjaar van 2018 hr-medewerkers moest voorbereiden op de aanstaande cao-onderhandelingen met de vakbonden. De dia in mijn presentatie waarin ik meedeelde dat de FNV dat jaar zou inzetten op 5 procent loonsverhoging voor alle werknemers in Nederland leidde steevast tot consternatie en verontwaardiging bij mijn publiek: Hoe halen ze het in hun hoofd? Snappen die vakbonden dan niet dat het spannende tijden zijn? Er is al nauwelijks ruimte voor loonsverhogingen, laat staan zó veel! Eigenlijk was de boodschap altijd hetzelfde: het gaat veel minder goed dan de vakbonden denken. Soms hoorde ik iemand refereren aan de economische crisis van 2008, of het gevaar dat er een nieuwe crisis zou kunnen aanbreken. Het laatste wat veel werkgevers dan willen, is vastzitten aan hogere lonen. Na het zoveelste verontwaardigde zaaltje begon ik mezelf vragen te stellen. Dit kon toch niet meer kloppen? Het ging hartstikke goed in Nederland. Het kon simpelweg niet zo zijn dat tientallen werkgevers geen geld hadden voor loonsverhogingen. De crisis lag bovendien al jaren achter ons, en een eventuele volgende crisis is geen argument: er is natuurlijk áltijd ooit een volgende crisis.

Op dat moment besefte ik: ze praten elkaar allemaal na. Het is alsof ik voor een groep Feyenoord-supporters sta en een gesprek probeer te voeren over wat de mooiste club van de Eredivisie is. Natuurlijk zullen zij, ongeacht welk argument je aandraagt, volhouden dat Feyenoord de mooiste club is. Net zoals de supporters van iedere andere club in Nederland hetzelfde over hun club zullen zeggen. Groepen voetbalsupporters leven in die zin in parallelle universa. Met ieder hun eigen codes, liederen en godenzonen. En hier is het niet anders. Ieder vertelt zijn of haar versie van hetzelfde verhaal en ontvangt daarvoor applaus van alle vakgenoten: de lonen zijn te hoog, de vakbonden te onredelijk, de economie te onzeker. De stapel met voorbeelden, ervaringen en anekdotes groeit. Het is een menselijk mechanisme: een groep versterkt de dominante opvattingen door ze telkens opnieuw te bevestigen. Het probleem is alleen dat er weinig ruimte is voor confronterende feiten. Zelfs niet wanneer de anekdotes hun waarheidsgehalte dreigen te verliezen. Zelfs niet wanneer niemand nog weet waarom we elkaar voortdurend hetzelfde verhaal vertellen. Zo worden er in de naam van economische logica miljarden verbrand terwijl de onderbouwing bestaat uit groepsovertuigingen. Het verhaal dat wij elkaar vertellen over economische groei is een fantoom geworden. Niemand vraagt zich meer af wat het is en waar het voor is. Maar dat zouden we collectief wel moeten doen.

De redenering rond de dividendbelasting – en eigenlijk elk pleidooi voor minder belastingheffing – kent een enorm gat: minder belastingen zijn nodig voor bedrijven en voor de economie. Tot zover klinkt het logisch. Maar hoe kan het dat diezelfde bedrijven en economie zo succesvol zijn geworden in aanwezigheid van diezelfde belastingen? Als die belasting zo'n probleem was, waren die bedrijven er toch in de eerste plaats niet gekomen? En als de omvang van de Nederlandse publieke sector een rem is op de economische ontwikkeling, waarom zijn onze bedrijven dan zoveel succesvoller dan ondernemingen uit landen met veel lagere publieke uitgaven? Het uitstellen van loonsverhogingen geeft bij langer nadenken ook hoofdpijn. Voor de economie is het blijkbaar beter wanneer de lonen niet te veel stijgen. Maar wat is dan eigenlijk nog de waarde van economische groei? Als de lonen niet te veel mogen stijgen en de belastingen bovendien moeten dalen, valt moeilijk uit te leggen waar we precies nog voor werken.

Bij verkiezingen laten politieke partijen hun plannen doorrekenen door het Centraal Planbureau (CPB). Als de economen van dit instituut stellen dat het programma de economie schade zou berokkenen, kan de partij een positieve uitslag bij de verkiezing wel vergeten. Maar wat geeft deze economen het gezag om te definiëren wat wel en niet waardevol is voor onze samenleving? Tenslotte, we zijn de afgelopen veertig jaar geregeerd door politieke partijen die hun programma's en coalitieakkoorden keurig hebben laten doorrekenen door het CPB. Maar zoals we in het eerste hoofdstuk zagen, is dit allerminst een garantie voor een evenwichtige samenleving waarin de welvaart eerlijk wordt verdeeld en de burgers tevreden zijn.

De discussies rond de opwarming van de aarde geven ook aan hoeveel waarde we hechten aan onze economie. Terwijl de wetenschap op basis van verifieerbare, tastbare meetgegevens al decennia geleden heeft vastgesteld dat onze verslaving aan fossiele brandstoffen en het eten van vlees delen van de planeet over enkele generaties onbewoonbaar dreigt te maken, wordt iedere noemenswaardige maatregel om klimaatverandering te keren steevast getorpedeerd met dat ene argument: de redding van de planeet mag niet ten koste gaan van… de economie.

Kortom: we zijn collectief geconditioneerd om economische groei, al zijn het maar een paar tienden procentpuntjes, te ontvangen met vreugde. En andersom stemt het ons somber als de economische groei achterblijft. Zelfs al heeft dit cijfer geen enkele invloed op jouw persoonlijke leven, omdat je in een sector werkt waarin je baan helemaal niet wordt bedreigd door dit cijfer. Misschien is het grootste probleem van onze economie wel dat we al lang geleden zijn gestopt om onszelf te bevragen over de zin en onzin van die economie. En ja, dit geldt zeker ook voor ons. Ook ik (Sander) heb voor de krant jarenlang simpelweg de duiding van experts en beleidsmakers opgetikt, als ware het de enige waarheid. Maar nu ik zie hoeveel economische ontwikkeling voor grote delen van onze samenleving niets anders is dan fantoomgroei, twijfel ook ik aan alles. Kan het zijn dat we zoveel waarde zijn gaan hechten aan het verhaal over de economie, zoals we dat de afgelopen veertig jaar aan elkaar hebben verteld, dat we niet (meer) bij machte zijn om te voorkomen dat onze samenleving ontspoort? Simpelweg omdat we niet meer over de taal en de denkkaders beschikken om de samenleving weer aan te sturen met het welzijn en de welvaart voor alle inwoners voor ogen? Het is duidelijk: als we een betere samenleving willen bouwen, moeten we op zoek naar andere woorden en nieuwe denkkaders om een alternatief verhaal voor onze economie te kunnen schetsen.

Economie is...

De Britse filosoof en econoom John Stuart Mill (1806-1873) waarschuwde zijn tijdgenoten honderdvijftig jaar geleden al om de economie niet als een zelfstandig fenomeen te beschouwen. De economie is de optelsom van het individuele handelen van, inmiddels, zeven miljard wereldburgers. Het nadenken over economie is volgens Mill dan ook onlosmakelijk verbonden met het nadenken over de samenleving als een geheel.[24] In dat geval is het onmogelijk om een objectief antwoord te formuleren op onze vraag wat de economie nou eigenlijk precies is. Iedere definitie impliceert tenslotte een duidelijk beeld van het soort samenleving waarin we willen leven. Dat is een belangrijk inzicht. Maatregelen die wel of niet goed zijn voor de economie, zijn feitelijk positief of negatief voor een bepaald soort samenleving, een specifiek wereldbeeld.

We begonnen dit hoofdstuk met de vraag: wat is de economie? Als onze reis door de tijd langs de schrijftafels van denkers uit vergane eeuwen ons één les heeft geleerd, is het: **economie is niets meer (of minder) dan het vermogen van een groep mensen om samen een probleem op te lossen.** Deze samenwerking begint met de keuze welke problemen prioriteit krijgen. En wat we definiëren als de gewenste uitkomst. Iedere uitspraak die we doen over de economie, of te voeren economisch beleid, is hiermee per definitie politiek.

Toen wij op die lentedag in 2018 het plan voor dit boek opvatten, begonnen we onze zoektocht met wat we beschouwden als een objectieve journalistieke vraag: waarom profiteren werkende mensen steeds minder van de rijkdom die ze creëren? De vraag was zo evident, dat we ons eigenlijk niet goed realiseerden waarom we hem überhaupt stelden. Nu weten we dat wel: omdat we het onrechtvaardig vinden dat een steeds kleinere groep een steeds groter deel van de koek opeist. Dat miljoenen mensen steeds harder moeten werken om de welvaart van een kleine groep superrijken te vergroten terwijl de lonen stagneren. De huizenprijzen buitengewoon snel stijgen. Studeren steeds duurder wordt. De pensioenleeftijd oploopt en de pensioenuitkering daalt. Terwijl we steeds minder vrij zijn om te kiezen in welke stad we überhaupt willen wonen. En er minder toekomst is voor onze kleinkinderen, omdat de aarde opwarmt, de zeespiegel stijgt en de natuurlijke hulpbronnen in hoog tempo worden uitgeput.

Tijdens onze zoektocht zijn we onbewust het kruispunt van de veronderstelde objectiviteit naar een politiek geladen activisme overgestoken. Daarmee zijn we op onbekend terrein beland. Maar er is geen weg meer terug. De tijd is aangebroken om een nieuw verhaal te vertellen, een nieuwe visie te schetsen, waarmee we onszelf aan onze haren uit het moeras kunnen slepen. Het is tijd voor een totale herziening van ons denken over de economie.

7
Voorbij fantoomgroei

In wat voor wereld wil jij je kinderen laten opgroeien? Voor ons ziet deze wereld er als volgt uit: een vredige samenleving waarin mensen met elkaar door één deur kunnen, omdat niemand de ander uitbuit. Een samenleving waarin iedereen gelijke kansen heeft, en werken loont. Een samenleving waarin mensen veilig over straat kunnen, waar voldoende leraren voor de klas staan, de gezondheidszorg goed geregeld is en armoede tot het verleden behoort. En natuurlijk, een planeet met een leefbaar klimaat, met als het even kan, zo nu en dan een Elfstedentocht.

Opvallend genoeg komt geen van deze zaken tot uitdrukking in onze belangrijkste maatstaf waaraan we de stand van de economie afmeten. Nu de wereld worstelt met de gevolgen van de coronapandemie, zullen we de komende tijd weer worden geconfronteerd met zorgwekkende cijfers over de economie. In veel landen hebben fabrieken weken tot maanden stilgestaan, sloten restaurants en cafés hun deuren, terwijl winkels hun klanten zagen wegblijven. Deze lockdowns leiden tot een productiedip, en dus een daling van het bruto binnenlands product (bbp). Als politici, journalisten en economen praten over de economie, refereren ze meestal aan dit cijfer. Maar als we de economie definiëren als het vermogen van een groep mensen om samen een probleem op te lossen, nu we een nieuwe definitie hebben geformuleerd, kunnen we ons voortaan bezighouden met de vraag welk probleem we eigenlijk nog oplossen door de stand van het land af te meten aan de hoeveelheid spullen en diensten die er worden geleverd. We kunnen tenslotte moeilijk volhouden dat een gebrek aan productiecapaciteit het belangrijkste probleem is van onze tijd.

Een nieuw kompas

De kranten stonden de afgelopen jaren vol met analyses over de vraag of het kapitalisme kapot is. Alleen deze vraag al zegt alles over de kracht van het huidige economische paradigma. We hebben ons nog altijd niet ontworsteld aan het beeld van de economie als machine. Een machine die onderhevig is aan slijtage, maar met het juiste gereedschap weer kan worden opgelapt. De werkelijkheid is dat verschillende varianten van het kapitalisme ons eeuwenlang hebben geholpen om tal van problemen uit vroeger tijden op te lossen. Om voldoende voedsel, kleding en banen te creëren om de in lompen gehulde verpauperde gemeenschappen te voorzien van een volle maag, warmte en gezondheidszorg. Van een bankstel, een televisie en een smartphone. Van een vakantie, een sportclub en, zo nu en dan, een boek. Maar nu we al die welvaart eenmaal hebben, zien we nieuwe problemen opdoemen waar ons huidige kapitalisme helemaal geen antwoord op lijkt te hebben. Over hoe we deze welvaart eerlijker verdelen onder de mensen die haar creëren. Over hoe we de planeet leefbaar houden voor volgende generaties. Over hoe we kunnen voorkomen dat een nieuw virus dat overspringt van dieren op mensen binnen een paar maanden de hele wereld in zijn greep krijgt.

Wij geloven niet dat het kapitalisme kapot is. Het is het kompas van het kapitalisme dat ernstig is ontregeld. Ons huidige kapitalisme is een filosofie die is gericht op ongebreidelde economische groei, de optimalisatie van private winsten en het bevorderen van een marktsysteem dat de economische vrijheid van bedrijven vooropstelt. Als we onze samenleving een andere kant op willen sturen, zullen we moeten beginnen met het herijken van de instrumenten waarmee wij een pad zoeken naar onze grotere doelen.

Een kleine negentig jaar geleden werd in de Verenigde Staten een instrument ontwikkeld om economische voortgang te meten. Aan het begin van de Tweede Wereldoorlog werd dat instrument afgesteld op het meten van de productie, om de oorlog zo goed mogelijk door te komen. Maar toen de kanonnen zwegen, is het niet meer bijgesteld voor de nieuwe situatie en de nieuwe visie op de wereld waarin we willen leven. Het probleem is dat de matrix voor het bbp (toen nog bnp) is afgesteld om een acuut probleem op te lossen: het winnen van een wereldoorlog. Om dit doel te bereiken, was het cruciaal om de productie van munitie, wapentuig, schepen en voedsel zo snel mogelijk te optimaliseren. Het op productie gerichte bbp is hier een uitstekend middel voor gebleken. En ook tijdens de jaren van wederopbouw, waarin aanvankelijk een tekort was aan alles, heeft het bbp bijgedragen aan het vergroten van de welvaart. Maar we vergaten dat het bbp een politiek doel diende, en dat onze wensen voor de samenleving niet meer gelijkliggen met dat doel. Het bbp werd een doel op zich. Met alle gevolgen van dien.

Vooruitgang in plaats van groei

De wensen die wij hebben voor onze kinderen hebben weinig te maken met een oorlogseconomie. Natuurlijk, we willen onze huidige kwaliteit van leven handhaven en als het kan verbeteren. Het probleem is dat het bbp hier niet per se aan bijdraagt. Het bbp meet uitsluitend goederen en diensten met een prijs. Het cijfer is in zijn huidige opzet vooral goed in het meten van kwantiteit, in plaats van kwaliteit.[1] Méér productie is eigenlijk altijd beter dan minder, omdat de optelsom van prijzen in dat geval stijgt. Om duidelijk te maken hoe haaks deze meetmethode op ons geluk en welzijn kan staan, verleggen we onze blik naar de Verenigde Staten. De afgelopen veertig jaar zijn er binnen de landsgrenzen meer Amerikanen gestorven door vuurwapengeweld dan in alle oorlogen die het land ooit voerde bij elkaar opgeteld.[2] Maar in plaats van de wapenindustrie hiervoor te straffen, draagt iedere kogel die Amerikanen op elkaar afvuren bij aan de groei van het bbp, tot grote trots van de sector.[3] Al in 1968 verwoordde kandidaat Robert Kennedy het treffend toen hij de kiezers voorhield dat het bbp alles vertelt over de economie, behalve waarom die het leven de moeite waard maakt.[4]

Dichter bij huis worden we ook voortdurend verleid

tot tal van aankopen die op geen enkele manier bijdragen aan ons geluk, maar die simpelweg nieuwe groei forceren. Neem bijvoorbeeld de frequentie waarmee producenten van smartphones de plugs van datakabels en opladers veranderen. En waarom kunnen ze geen wasmachines of telefoons meer maken die twintig jaar meekunnen, en veranderen de collecties van kledingwinkels steeds sneller? Het antwoord op al deze vragen: het verlangen naar groei.[5] Een fabrikant die jaar op jaar wil groeien in productie, kan het zich nauwelijks permitteren om onverwoestbare spullen te produceren. Zodoende staan onze huidige groei-ambities een duurzame productie in de weg. En ook de meeste medewerkers die betrokken zijn bij de productie en distributie zien hun welvaart amper stijgen. Dus waarom zouden we nog langer al dat arbeidspotentieel inzetten voor een economie die niet voor ons werkt? In een nieuw economisch verhaal willen we meer kwaliteit boven kwantiteit. De enorme verspilling aan grondstoffen, energie en geld voegt geen enkele waarde toe aan ons dagelijks leven. Wat schieten we er als samenleving mee op om aan producten die zijn ontworpen om mensen te doden in onze belangrijkste index evenveel waarde toe te kennen als aan die zaken die ons in leven houden? Voortaan, wanneer beleidsmakers tevreden spreken over groei, moet onze eerste vraag zijn: 'Groei van wat precies?'

Speculatie

Dat het mogelijk is om het bbp aan te passen, bewees de financiële sector aan het begin van de jaren negentig. De sector was in de jaren veertig buiten de index gehouden, de financiële industrie moest vooral dienstbaar zijn aan de samenleving. Goede banken zijn dit ook. Ze faciliteren ons betalingsverkeer en stellen ons in staat om ons spaargeld te stallen. En natuurlijk is het positief dat we leningen kunnen afsluiten om een huis te kopen, een bedrijf te starten of andere grote projecten die bijdragen aan een betere wereld, zoals een windmolenpark, een dijk of een duurzame waterstoffabriek, te financieren. Toch kun je betogen dat het mogelijk maken van een transactie an sich geen productieve bijdrage levert aan de samenleving. Het is slechts een voorwaarde. Zo bezien had de financiële sector lange tijd meer het karakter van een nutsvoorziening.

Gedurende de jaren tachtig veranderde het karakter van de bancaire wereld. Het grote geld en de snelle jongens vonden hun weg naar Wall Street, waar ze langzaamaan begonnen met de ontwikkeling van complexe financiële producten die het verdienen van exorbitante sommen geld binnen handbereik brachten. Voor veel van de speculatieve ideeën was regelgeving echter nog een sta-in-de-weg. Zolang het financiële werk niet meetelde in het bbp, was het voor politici niet zo interessant om dereguleringen en pro-bankenhervormingen door te voeren. Daarom begon de sector te lobbyen voor een herziening van de regelgeving. Met succes. Aan het begin van de jaren negentig is de lobby van de financiële sector er bij een grote herziening van het VN-convenant dat de spelregels voor het bbp handhaaft, in geslaagd om ook hun cijfers mee te laten tellen in het bbp.[6] Vanaf dat moment mochten landen het werk van banken meewegen in hun verwachtingen van de economische groei.

Het veranderde de bancaire sector van een nutsvoorziening in een industrie die (op papier) economische groei toevoegt.[7] Plotseling hadden overheden en politici er baat bij die sector te laten groeien. Ze versoepelden de regels die speculatie tegen moesten gaan. Winsten uit speculatie telden nu tenslotte óók als economische groei. Hoewel toezichthouders beginnen in te zien dat deze methoden de bijdrage van banken aan de economie schromelijk overschatten,[8] lijkt de politiek nog onwetend, ondanks dat de kredietcrisis ze de ogen had moeten openen.

Als we de risico's van financiële speculatie willen uitbannen, moeten we op een andere manier naar de financiële sector kijken. We kunnen in dat geval niet volhouden dat het gegoochel met hypercomplexe financiële producten iets te maken heeft met de vooruitgang van de samenleving. Sterker nog, we moeten inzien dat de bubbels en crashes die ontstaan door cowboygedrag van een deel van deze sector ons alleen maar achteruit duwen. We kunnen niet anders dan de sector opnieuw te gaan beschouwen als een verzameling maatschappelijke instellingen, die ons kunnen helpen om te bouwen aan de duurzame en in sociaal opzicht evenwichtige wereld van morgen.

Als vervuiling niet langer loont

Net zoals het gek is dat we speculatie nu wel meetellen, is het vreemd dat we bepaalde dingen bewust buiten het belangrijkste cijfer laten waar we het succes van onze samenleving aan afmeten. Zoals het milieu. We zagen al dat het bbp kan groeien terwijl de welvaart van veel werkende mensen afneemt en ongelijkheid toeneemt, maar het wordt nog gekker. Het bbp kan ook groeien als we het welzijn van mensen en dieren actief schaden. Zo bleek de grootste milieuramp uit de Amerikaanse geschiedenis ook een van de lucratiefste. In 2010 is er een explosie op boorplatform Deepwater Horizon. Drie maanden lang stroomt er olie ongecontroleerd de Golf van Mexico in. De schade aan het zeeleven is zo groot, dat vissers rond de Golf van Mexico massaal failliet gaan. Vier aangrenzende Amerikaanse staten roepen de noodtoestand uit. De kosten voor het sluiten van de boorput en het opruimen van de olie op zee en op de stranden vallen zo hoog uit, dat de economie netto is gegroeid door de ramp.[9] Die kosten tellen immers mee in het bbp, de vele gestorven dieren en planten niet.

De olieramp is uitzonderlijk omdat we de relatie tussen milieuvervuiling en groei zelden zo direct kunnen aflezen aan het bbp. Maar als je beter kijkt naar de meeste industrieën, dan zul je zien dat de bedrijfswinsten kunstmatig hoog zijn, omdat ze geen kosten maken voor het afval dat ze produceren. In haar boek *Doughnut Economics* werpt econoom Kate Raworth de vraag op of de westerse economieën de afgelopen tweehonderd jaar überhaupt wel zijn gegroeid. Als we het zo ver laten komen dat onze (klein)kinderen straks zitten opgescheept met een onleefbare planeet, dan is het onontkoombaar om vast te stellen dat we al die jaren op de pof hebben geleefd. Als ordinaire klaplopers hebben we geparasiteerd op de welvaart van onze kinderen, terwijl van echte groei nooit sprake is geweest. Willen we deze fantoomgroei tegengaan, dan zullen we behalve naar opbrengsten ook moeten kijken naar de schade die we aanrichten. Zichtbare vervuiling van de openbare ruimte is strafbaar. We vinden het volstrekt normaal om beboet te worden als we een leeg frisdrankblikje op straat gooien. Maar als jij een petrochemische fabriek bezit, kun je een vergunning aanvragen om giftige stoffen pardoes in een rivier te lozen. En dan hebben we het nog niet eens over de uitstoot van allerhande schadelijke gassen in de lucht, waaronder kankerverwekkende stoffen als PFAS of broeikasgassen als CO_2. Dus waarom wordt onzichtbare vervuiling niet net zo hard gestraft?

Roosevelt sprak over vier vrijheden. Wij zouden daar graag een vijfde aan toevoegen: de vrijheid voor onze kinderen om een bloeiende, leefbare planeet te bewonen. Om dat te bereiken zullen we het probleem van de olifant in de kamer, die elke andere vraag overschaduwt, moeten aanpakken. In het hart van economische groei ligt een wiskundig probleem, ooit goed uitgelegd door de belegger Jeremy Grantham. Dat probleem heeft te maken met het verschijnsel van exponentiële groei – oftewel het stapelen van groei op groei op groei.

Het probleem van groei op groei op groei

Jeremy Grantham stelde dat wanneer een grootheid zoals een economie elk jaar met hetzelfde percentage groeit, zelfs al is dat percentage relatief klein, de omvang op een gegeven moment zal exploderen. Dat klinkt misschien abstract, daarom schotelde Grantham zijn publiek het volgende gedachte-experiment voor: Stel dat het totaal aan bezittingen van een van de oudste beschavingen op aarde, de Egyptenaren, in het jaar 3000 v.Chr. precies past in één kubieke meter opslagruimte. Stel je nu voor dat dit aantal bezittingen jaarlijks toeneemt met 4,5 procent – vergelijkbaar met de economische hoogtijdagen uit de jaren negentig. Hoeveel ruimte zouden de Egyptenaren nodig hebben gehad voor hun bezittingen tegen de tijd dat Jezus werd geboren? Een aantal piramides? Een heel land? Een hele aarde? Nee, 2,5 miljard miljard zonnestelsels.[10]

Dat dubbele miljard is geen fout van de corrector. Door de kracht van exponentiële groei explodeert de omvang van het totaal aantal spullen uiteindelijk tot onvoorstelbare afmetingen. De Egyptenaren in het experiment zullen lang gejuicht hebben bij het zien toenemen van hun bezittingen. Maar er moet een punt zijn gekomen dat die vreugde omsloeg in de zorg verpletterd te worden onder het oncontroleerbare gewicht van hun eigen rijkdom. Grantham eindigde zijn experiment dan ook met een simpele vraag: op basis van welke logica denken wij dat onze vorm van materiële economische groei wél eindeloos door kan gaan?

Dit brengt ons bij het laatste, en wellicht grootste bezwaar, dat we hebben tegen het enorme belang dat politici en beleidsmakers hechten aan het bbp: het is gebaseerd op oneindigheid. We zijn als samenleving volledig gericht op het feit dat een economie moet groeien. Altijd, zonder eindpunt. Maar dat oneindige principe past per definitie niet op een eindige wereld.

Los van je politieke voorkeur, of je nou liberaal, sociaaldemocraat of communist bent: oneindigheid is biologisch, natuurkundig en ruimtelijk simpelweg onmogelijk.[11] We kunnen op lange termijn niet meer energie gebruiken dan de aarde kan produceren. Op een gegeven moment bereiken we het eindpunt en is de schade onherstelbaar. De grondstoffen zullen opraken. De landbouwgrond uitgeput. De zeeën leeggevist. Het klimaat onherstelbaar beschadigd. En het leven onmogelijk.[12]

Economen werpen vaak als tegenargument op dat het kapitalisme steeds efficiënter wordt. Ze wijzen er bijvoorbeeld op dat er de laatste jaren steeds minder grondstoffen nodig zijn voor dezelfde eenheid van groei. Daar hebben ze gelijk in. Het is alleen op geen enkele manier een oplossing voor het probleem. 'Minder meer' is nog altijd hetzelfde als 'meer'. Om de economie te laten groeien zijn meer grondstoffen nodig, meer energie, meer ruimte. Groei van het bbp betekent nou eenmaal meer produceren en meer diensten verlenen. Meer produceren betekent eigenlijk altijd meer energie gebruiken.

We weten inmiddels uit onderzoek dat een groeiend bbp niet leidt tot evenveel groeiend geluk. Wanneer arme landen rijker worden, helpt dat in eerste instantie de tevredenheid over het leven ontzettend vooruit. Dat is goed voor te stellen: plotseling verdwijnt de angst voor honger, schiet de gezondheid omhoog en neemt de vrije tijd toe om andere dingen te doen dan werken. En misschien nog wel het belangrijkst: mensen kunnen zich vasthouden aan het idee dat hun kinderen het beter zullen hebben dan zij. Maar er is een duidelijk plafond waarna elke extra verdiende euro nauwelijks nog tot extra tevredenheid leidt. Landen als Nederland, Luxemburg en Denemarken bevinden zich dicht bij dit punt.[13] Erger nog, als we onze manier van leven niet radicaal omgooien, zullen onze (klein)kinderen het veel zwaarder en slechter gaan krijgen dan wij.[14] De enige realistische optie voor een duurzaam bestaan op aarde is het creëren van een economisch model dat niet langer afhankelijk is van eeuwige materiële groei. Waarom werken we steeds harder voor steeds meer twijfelachtige groei? Zou het niet een veel beter idee zijn om die twee om te draaien? In plaats van even hard blijven werken om steeds meer te produceren voor een kleine groep ontvangers, kunnen we ook evenveel blijven produceren en proberen daar steeds minder voor te werken. We gebruiken in dat geval technologische vooruitgang en groeiende productiviteit ten behoeve van ons welzijn en dat van de planeet. Voor die productie kunnen we grondstoffen hergebruiken. En we beschikken al over technieken om de energie die we verbruiken uit de zon, het water en de wind te halen. Bronnen die net zo lang meegaan als de aarde zelf.

Natuurlijk zal het bbp in dat geval niet meer stijgen en misschien zelfs dalen. En ja, we moeten dan afscheid nemen van sommige consumptiepatronen – zoals jaarlijkse vliegvakanties, maandelijks nieuwe kleren kopen en dagelijks vlees eten. Dat zal een enorme inspanning vergen, maar in ruil daarvoor zijn we vrijer en overschrijdt onze economie niet langer de grenzen van de energie die de aarde te bieden heeft. Het lijkt een bescheiden prijs om een leefbare planeet achter te laten voor onze (klein)kinderen en hun (klein)kinderen.

Het punt is niet dat het bbp niet werkt. Het bbp was een geweldig kompas voor de generaties van onze ouders, grootouders en overgrootouders om samen de grote problemen van hun tijd de baas te worden. Maar het is cruciaal om te beseffen wat het cijfer is, zodat we precies weten wanneer het ons dient en wanneer vooral niet, zowel in de dagelijkse praktijk als in de argumenten van politici, beleidsmakers en columnisten. Een cijfer dat iets zegt over algemene groei, brengt ons niet dichter bij een oplossing voor de problemen uit onze tijd. Te veel mensen werken tegenwoordig voor het bbp, in plaats van andersom. En de trends zijn negatief. De kloof tussen arm en rijk neemt toe, en de samenleving ontwikkelt zich steeds verder in een richting waarin het voor individuele burgers eten of gegeten worden is. En net als voor de verdeling van de welvaart die we creëren, moet het bbp het antwoord schuldig blijven op de problemen waarvoor klimaatverandering ons stelt.

Dump het bbp

We beseffen dat het een grote stap is om het bbp achter ons te laten. Als kinderen van de jaren tachtig en negentig kunnen ook wij het ons bijna niet voorstellen ooit in een wereld te leven die niet langer in het teken staat van economische groei. Simpelweg omdat we nooit een andere wereld hebben gekend. Maar we mogen ons hier niet door laten afschrikken. We zullen een breder debat over welvaart en welzijn moeten eisen. We moeten onder ogen zien dat oneindige materiële groei niet mogelijk is.

III EEN NIEUW VERHAAL

De coronapandemie is de grootste crisis die ons treft sinds de Tweede Wereldoorlog. Als we iets positiefs kunnen zeggen over de jaren veertig, is het dat onze leiders na de bevrijding de jaren van wederopbouw hebben aangegrepen om een groot aantal maatschappelijke weeffouten te herstellen. Ze hoefden het wiel hier niet volledig opnieuw voor uit te vinden, in sommige landen werd voor de oorlog al nagedacht of zelfs geëxperimenteerd met nieuwe oplossingen voor oude problemen. Laat de coronacrisis ook zo'n keerpunt zijn in de tijd. Net als voor de oorlog liggen er nu ook al waardevolle ideeën en methodieken op de plank die ons kunnen helpen om onze wereld te veranderen. Toonaangevende instituten als het CBS en de Rabobank hebben al waardevolle studies gedaan naar zo'n 'brede welvaartsmonitor'.[15] In die methoden kiezen onderzoekers een hele reeks aan zaken die we belangrijk vinden en waar nieuw beleid op af moet koersen. De vraag welke nieuwe indicatoren belangrijk zijn, is wederom een politieke. Daar moeten we het als samenleving over hebben. Wat ons betreft zou de nieuwe index moeten gaan over milieu, veiligheid, toegang tot een woning, gezondheid, werk, inkomen en sociale zekerheid.

Kleven er ook nadelen aan een dergelijke index? Natuurlijk. Zo zal het lastiger zijn om het succes van de samenleving in een enkel cijfer uit te drukken. 'De economie groeit' is voor politici heel prettig om te communiceren. In plaats daarvan zal het verhaal altijd genuanceerd zijn: de toegang tot een woning kan verbeteren terwijl het slechter gaat met het milieu. Het CBS publiceert daarom een soort stoplichtmodel: in één overzicht is voor negen thema's te zien of het beter gaat (groen), gelijk is gebleven (grijs), of verslechtert (rood).[16] Hoe mooi zou het zijn als verkiezingsprogramma's voortaan zo'n stoplicht als bijsluiter krijgen? Het politieke paradigma verandert dan volledig en nieuwe doelstellingen worden plotseling mogelijk. We hoeven dan bijvoorbeeld niet langer te kiezen tussen de economie en het klimaat. Samen werken aan het klimaatprobleem is in deze nieuwe wereld juist een voorwaarde voor economisch succes geworden.

Dat het mogelijk is voor politici om dergelijke instrumenten te omarmen, bewijst de Nieuw-Zeelandse premier Jacinda Ardern. In 2019 – enige tijd voor de coronacrisis – kondigde zij al aan afscheid te willen nemen van het bbp. Haar regering geeft de voorkeur aan een index die het geluk en welzijn van haar burgers meet. Haar beleid richt zich op het verbeteren van de geestelijke gezondheidszorg, het terugdringen van armoede onder kinderen en het bestrijden van klimaatverandering. Haar verklaring klinkt even simpel als logisch: 'Economische groei die vergezeld gaat van sociale achteruitgang is geen succes. Het is een mislukking.'[17] Stel je eens voor wat er allemaal mogelijk is als alle landen dit voorbeeld zouden volgen.

8
Een nieuw verhaal

Zo stil als de straten en de pleinen zijn op het dieptepunt van de coronacrisis, zo vol waren ze een jaar eerder. Terwijl wij bezig zijn (het grootste deel van) dit boek te schrijven overspoelen miljoenen veelal jonge mensen overal ter wereld de straten van de hoofdsteden, in een verbeten strijd voor hun toekomst. In Chili eisen protestanten ingrijpende economische veranderingen; zowel de grondwet van het land als vele andere regelingen stammen dan nog uit de tijd van dictator Pinochet en zijn neoliberale Chicago Boys. Terwijl rijke families en de kopstukken uit het leger sindsdien enorm geprofiteerd hebben van de rijkdommen van het land, is de bevolking inmiddels zo verarmd dat een minimale prijsverhoging van de metrokaartjes in de hoofdstad uitmondt in een volksoproer.

Het is niet de enige plaats waar het in 2019 onrustig is. Terwijl demonstranten in Hongkong vechten voor het behoud van hun democratische rechten, volgen miljoenen demonstranten in de rest van de wereld het voorbeeld van een zestienjarige Zweedse scholiere om de straat op te gaan voor het klimaat. Ze eisen het recht op een toekomst en op een economie die niet langer ten koste gaat van het klimaat.

Opvallend genoeg zien we in diezelfde periode ook andere verbeten gevechten. In de straten van Parijs gaan in gele hesjes getooide relschoppers en zwaarbewapende politieagenten elkaar met grof geweld te lijf. De aanleiding? Een plan van de Franse president Emmanuel Macron om de brandstofprijzen – ten faveure van de klimaatdoelen – te verhogen. En ook in Nederland heerst een zekere onrust onder huizenbezitters die geen idee hebben waar ze de tienduizenden euro's vandaan moeten halen die ze straks nodig hebben als hun woningen van het gas worden gehaald.

Hoe kunnen we dit verzet tegen strengere klimaatmaatregelen rijmen met de inzet van de klimaatdemonstranten? Zijn zij ideologische tegenstrevers of is hier iets anders aan de hand?

Niets nieuws onder de zon

Emmanuel Macron is pas negenendertig jaar oud wanneer hij in 2017 wordt gekozen als president van Frankrijk. In een chaotische verkiezingsstrijd nam hij het in de laatste ronde op tegen zijn gedroomde tegenpool: de leider van het populistische Front National, Marine Le Pen. Le Pen was anti-EU, anti-establishment en anti-migratie. Macron koos voor een tegenovergestelde boodschap: pro-EU, sterk gericht op het bestrijden van klimaatverandering en vastberaden de Franse economie te 'moderniseren'. Dankzij zijn jonge uitstraling, zijn energie en bovenal het simpele feit dat hij níét Marine Le Pen was, wist hij de verkiezingen relatief makkelijk te winnen.

Macron probeert te breken met het verleden. De boodschap van zijn nieuwe beweging is zo veel mogelijk apolitiek. In het gepolariseerde Frankrijk beweert hij niet rechts of links te zijn, maar vooral progressief en hervormingsgezind. Pragmatisch en noodzakelijk, met verstand van zaken en resultaatgericht werpt hij zijn sociaaldemocratische veren af. Deze hoegenaamd neutrale benadering moet inmiddels bekend voorkomen. Het is dezelfde retoriek die Lubbers in de jaren tachtig inzette. Ambtelijk, technisch en neutraal: in plaats van vernieuwend bleek Macron veel meer van hetzelfde te zijn. Maar net zoals progressieve leiders in zoveel andere landen hebben gedaan, vergeet Macron zichzelf de allerbelangrijkste vraag te stellen: voor wie doe ik dit?

De Franse bevolking heeft Macron een overweldigende verkiezingsoverwinning bezorgd, maar eenmaal in het Élysée is het Franse platteland blijkbaar ver weg. Zo rijk en welgesteld als veel inwoners van de Franse hoofdstad mogen zijn, zo achtergesteld en ronduit arm zijn miljoenen Fransen op het platteland. Natuurlijk zullen ook zij het een mooi idee vinden als hun achterkleinkinderen in het jaar 2100 nog altijd vruchtbare akkers kunnen bewerken. Maar een Franse president die zijn klimaatdoelen wil bereiken door simpelweg de brandstofprijzen te verhogen, gaat voorbij aan het feit dat de auto voor miljoenen Fransen de enige manier is waarop ze zichzelf kunnen verplaatsen. Het platteland heeft geen hoogwaardig metrostelsel zoals Parijs. Veel Fransen hebben geen keuze tussen de auto of een milieuvriendelijker alternatief. Voor hen is de milieumaatregel dus helemaal geen stimulans voor duurzamer gedrag, maar puur een lastenverzwaring. Met zijn klimaatbeleid heeft Macron de bestaanszekerheid van miljoenen Fransen die toch al moeite hebben om hun hoofd boven water te houden nog verder aangetast.

Zouden de Gele Hesjes ook in het geweer zijn gekomen als Macron zijn klimaatbeleid hand in hand had laten gaan met programma's ter verbetering van de positie van sociaaleconomisch zwakke groepen op het platteland? Als hij ze banen was komen brengen om de transitie naar een duurzame samenleving mogelijk te maken? Wij denken van wel. Wat ons betreft zijn de strijd voor een eerlijkere verdeling van de welvaart en een duurzamere samenleving twee zijdes van dezelfde medaille. Beide elementen zijn uitwassen van fantoomgroei die we zo veel mogelijk moeten zien uit te bannen. Op dit moment zijn slechts honderd multinationals verantwoordelijk voor meer dan 70 procent van de wereldwijde uitstoot van broeikasgassen.[1] Daarnaast bezit de rijkste 1 procent van de mensen zonder ingrijpen over enkele jaren twee derde van de wereldwijde welvaart.[2] De sleutel voor het bestrijden van de klimaatcrisis ligt eerder in hun handen dan in die van de Franse plattelandsbewoners of Nederlandse huizenbezitters met een modaal inkomen. Dat het autogebruik moet afnemen is heel verdedigbaar. En ja, natuurlijk moeten we de woningvoorraad verduurzamen. Maar we moeten bovenal streven naar een politiek waarin iedereen deze transitie kan meemaken.

Met onze nieuwe definitie van de economie zijn beide problemen ook helemaal niet strijdig met elkaar. Als we fantoomgroei definiëren als het belangrijkste probleem van onze tijd, schuilt de oplossing in ons vermogen beide kwesties samen op te lossen. Waar Macron die plank missloeg, heeft de Amerikaanse politica Alexandria Ocasio-Cortez (vaak afgekort tot AOC) dat heel goed door. Ocasio-Cortez is een jong politiek talent uit de New Yorkse achterstandswijk The Bronx. Tegen alle verwachtingen in schopte zij het in 2018 tot het Amerikaanse parlement met een programma waarin ze vooruitstrevend klimaatbeleid combineert met een progressieve sociale campagne. Ze hoefde die boodschap niet zelf uit te vinden; inspiratie vond ze in het werk van een oude vakbondsman met een naam van welhaast poëtische proporties.

Visionaire vakbonden

Tony Mazzocchi was van de jaren vijftig tot het einde van de jaren tachtig een bekende leider binnen de Amerikaanse vakbeweging. Hij was een van de eersten die zich zorgen maakten over de opwarming van de aarde, een halve eeuw voordat Al Gore zijn populaire documentaire *An Inconvenient Truth* uitbracht.[3] Er is een prachtige zwart-witfoto van hem: hij is kalend maar vanaf de zijkant van zijn hoofd wappert donker haar als een wilde lauwerkrans alle kanten op, hij heeft een grote ronde neus, stevige kaaklijn en een brede gespierde nek. Donkere ogen staren je indringend aan. Dit is een man die je met vertrouwen laat onderhandelen met je baas. Toch was hij meer dan alleen een ruwe vechtersbaas, boven alles was Tony Mazzocchi een briljant visionair. Hij verdiende zijn sporen door op te komen voor de rechten van werknemers in de olie- en chemische industrie. Al diep in de vorige eeuw was hij op zoek naar een passend antwoord op wat hij beschouwde als baanchantage: politici en ondernemingen die hem en zijn leden gebieden om zich tegen milieumaatregelen te verzetten, omdat dit ten koste zou gaan van hun banen.[4] De tegenstelling frustreerde hem; hoe kan een mens nou kiezen tussen een leefbare planeet of voorspoed voor gemeenschappen van werkende mensen die op diezelfde planeet moeten leven?

Uiteindelijk verzon Mazzocchi een nieuwe term: *just transition*. Het betekent zoiets als 'rechtvaardige overgang'. Met die term bedoelde hij dat een nieuwe economie hand in hand moest gaan met eerlijk en waardig werk. Of zoals de grote metaalvakbond USW later in een rapport schreef: 'Op de lange termijn is de echte keuze niet tussen werkgelegenheid en het klimaat. Het is beide of niets.'[5] Om daar te komen wilde Mazzocchi een superfonds voor werknemers oprichten. Dit superfonds zou financiële steun bieden aan mensen die geraakt werden doordat vervuilend werk verdween, en zou werknemers helpen naar schonere en beter betaalde banen over te stappen. Het fonds is er nooit gekomen.

Toch was het niet voor niets. De internationale vakbeweging (ITUC) heeft in 2016 een nieuw onderzoekscentrum opgericht met als doel een verdere invulling te geven aan de *just transition*.[6] In dat laboratorium is één van de termen geboren die nu de hoeksteen vormt van de boodschap van Ocasio-Cortez: de enige weg voorwaarts is een *Green New Deal*. Ze put daarmee inspiratie uit het grote programma van president Roosevelt uit de jaren dertig en voegt er tegelijkertijd een groene boodschap aan toe. De Green New Deal is een grote paraplu waaronder allerlei plannen vallen. Kort gezegd is het een geheel aan maatregelen om de economie om te vormen tot een duurzame economie en tegelijkertijd de kwaliteit van leven voor mensen drastisch te verbeteren. Om dat te bereiken moeten overheden ambitieuze doelen stellen en de gehele economie voor die doelen mobiliseren, zoals vroeger gebeurde in oorlogstijd. Tegenstanders bekritiseren de kosten van een dergelijke operatie, maar voorstanders wijzen op de zogeheten *cost of doing nothing*. Simpel gezegd: als je denkt dat verduurzaming al duur is, kijk eens wat het verhogen van de dijken en uiteindelijk de evacuatie van hele kustgebieden gaat kosten.[7]

Als je dit toepast in Nederland, vraagt het om massale investeringen in zonnepanelen, windparken en de isolatie van zo'n beetje elk gebouw. Dit brengt hoge kosten met zich mee, maar ook ontzettend veel werkgelegenheid. Veel van dat werk kan gedaan worden door mensen die nu nog in vervuilende sectoren werken. Zij moeten geholpen worden de overstap te maken naar minder vervuilend werk. Dat betekent grote sociale plannen, scholing en inkomensgaranties voor iedereen die geraakt dreigt te worden. Hetzelfde geldt voor de infrastructuur. Waar het auto- en vliegtuiggebruik drastisch moet verduurzamen, kunnen betere openbaarvervoersmogelijkheden worden gecreëerd zowel binnen als buiten Nederland. Waarom zouden we nog willen vliegen binnen Europa als alle grote steden via goede hogesnelheidstreinen met elkaar zijn verbonden? Wie weet is het zelfs mogelijk om veel van dit openbaar vervoer gratis aan te bieden als publieke voorziening.

III EEN NIEUW VERHAAL

Nu de economie door de coronacrisis een enorme klap krijgt, worden de ideeën voor een Green New Deal nóg urgenter. Net zoals overheden voor en na de oorlog grote werkgelegenheidsprojecten optuigden om mensen aan het werk te krijgen en het land op te bouwen, kunnen we dat nu weer doen. In plaats van wederopbouw zetten we het werk in voor een grote duurzaamheidstransitie. De Green European Foundation heeft al in 2011 een onderzoeksrapport gepubliceerd waarin ze berekende dat jaarlijkse groene investeringen van 2 procent van het bruto Europese product (we spenderen nu 3 procent van ons bbp aan fossiele brandstoffen) tot een afname van 70 procent aan uitgestoten broeikasgassen leidt en zes miljoen groene banen oplevert.[8] Minder uitgeven, een duurzame economie én de creatie van banen; wie wil dat nou niet?

Onder leiding van eurocommissaris Frans Timmermans werkt Brussel inmiddels aan een Europese Green New Deal. Timmermans heeft hiermee een historische kans om Europa naar een duurzame toekomst te bewegen. Of hij daarin zal slagen, moet blijken. Op dit punt in het boek kunnen we inmiddels wel uittekenen met welke argumenten lobbyisten van vervuilende bedrijven zullen pogen om de publieke opinie tegen de maatregelen te keren. Bovendien is het de vraag in hoeverre de coronacrisis de plannen van de Europese Commissie gaat doorkruisen. Maar laten we optimistisch zijn; nu Europese overheden honderden miljarden uittrekken om de economie te stutten, moeten we ze aanmoedigen om dit geld vooral te investeren in (nieuwe) groene banen en projecten die helpen om het continent te verduurzamen.

EEN NIEUW VERHAAL

Wie is aan zet?

Het moge duidelijk zijn dat het roer in de politiek al om had gemoeten. De politiek moet de bestaande economische structuren durven aan te pakken. Maar het is te makkelijk om alleen met het vingertje naar volksvertegenwoordigers te wijzen. Uiteindelijk is het aan ons als kiezers om hen te dwingen andere keuzes te maken. Dat doen we met onze stem en met onze acties. Voor politici ontstaat pas echt ruimte wanneer de samenleving ze daartoe aanspoort. Die aansporing ontstaat alleen wanneer het besef doordringt dat het niet normaal is dat rijke aandeelhouders er met de hoofdprijs van alle samen gecreëerde waarde vandoor gaan. Dat er logische gronden zijn waarom de samenleving dat afwijst, die veel verder reiken dan afgunst of jaloezie. We moeten blijven herhalen dat onzeker werk en lage salarissen geen vanzelfsprekendheid zijn ten faveure van zoiets als de BV Nederland. Ook moeten we uitleggen wat voor soort groei de wereld wel en niet verder helpt. Zelfs de OECD, het samenwerkingsverband van rijke landen, is inmiddels zover dat ze het geloof in blinde groei begint af te wijzen.[9] In een uitgebreid rapport suggereren de onderzoekers dat overheden op een heel andere manier na moeten gaan denken over wat ze beschouwen als economisch en sociaal succes. Gewoon groei, dat gaat niet meer. Daarmee volgen ze het voorbeeld uit het vorige hoofdstuk van de Nieuw-Zeelandse premier Jacinda Ardern. Bovenal moeten we blijven onthouden dat niet elke verandering in het logge raderwerk van de bureaucratie begint. Verandering ontstaat aan de rafelranden. En daar kan ieder individu aan meedoen.

III EEN NIEUW VERHAAL

Om het geloof in een tegenstelling tussen werkgelegenheid en duurzaamheid binnen de eigen gelederen tegen te gaan, werken sommige onderzoekers al decennia aan strategieën waarin werkende gemeenschappen zélf een leidende rol spelen in groene transities.[10] Daarbij houden ze niet langer vast aan de traditionele lijn van West-Europese vakbonden die successen boekten met gepolder en gepraat. In plaats daarvan zetten ze in op lokale acties buiten bestaande systemen om.[11, 12] Krachtig samengevat willen zij van onderop beginnen, op kleine schaal, dáár waar de waarde gecreëerd wordt, om vervolgens politieke verandering af te dwingen. Dat deze strategie werkt, bewijzen de veelal kleine succesverhalen op verschillende plaatsen in de wereld nu al.

9
Pioniers van een nieuw verhaal

Ingeklemd tussen de verschillende delen van Denemarken ligt het prachtige eiland Samsø. Eilandbewoners houden meestal niet van al te veel aandacht; ze schuwen de buitenwereld en hopen dat het massatoerisme de schoonheid van hun stukje aarde niet ontdekt. Zo niet Samsø, dat de afgelopen jaren internationale aandacht zocht én vond. En niet zonder reden. De vierduizend inwoners maakten tussen 1997 en 2007 namelijk een razendsnelle *just transition* door.[1] In 1997 bevond de gemeenschap zich nog in een diepe crisis: het verdwijnen van verschillende bedrijven en de sluiting van het slachthuis dat lange tijd een van de voornaamste werkgevers op het eiland was geweest, leidde tot diepe economische problemen die het welzijn van de inwoners raakten. Door het gebrek aan werkgelegenheid vertrokken vervolgens veel vooral jonge inwoners. Daarnaast was de eilandgemeenschap volledig afhankelijk van geïmporteerde brandstoffen voor zowel verwarming en elektriciteit als transport, wat de inwoners kwetsbaar maakte voor prijswisselingen. Duurzame energiebronnen hadden een slechte naam op het eiland, omdat een mislukt experimenteel programma van de Deense Energie Autoriteit met warmte- en krachtcentrales had geleid tot hogere energierekeningen.

In 1997 besloot de lokale groenteteler Søren Hermansen samen met een aantal andere inwoners mee te doen aan een competitie van de Deense overheid om een duurzame gemeenschap op te zetten die als model kon dienen voor de rest van het land. Samsø won de competitie, waarop Hermansen adviseur werd bij het voor de gelegenheid opgerichte Samsø Energie en Milieu Bureau. Dankzij de inzet van Hermansen kregen de inwoners grote invloed op de duurzaamheidstransitie op het eiland en werd de transitie een indrukwekkend voorbeeld van een collectieve *buy-in*: iedereen was deelnemer aan de verandering. Van meet af aan was er, dankzij gemeenschapsvergaderingen in de openbare bibliotheek en regelmatige updates via de lokale krant, volledige openheid over het verloop van de transitie. Iedere stap was het resultaat van uitgebreide consultaties met inwoners, hoe moeilijk dat ook kon zijn. Deze aanpak kwam voort uit de diepgewortelde cultuur van agrarische coöperaties die de gemeenschap op Samsø van oudsher verbinden. Huizen moesten worden gerenoveerd, er kwamen nieuwe warmte-installaties en men besloot tot het plaatsen van windmolens. Hoewel de overheid, onderzoekers en marktpartijen technische expertise leverden, bepaalde de gemeenschap zelf waar de turbines kwamen te staan. Om inwoners nog verder te betrekken koos men er onder leiding van Hermansen voor om iedereen die een windturbine vanuit haar of zijn raam kon zien, co-investeerderschap aan te bieden. Veel inwoners gingen op dit aanbod in, waardoor 20 procent van de te plaatsen windturbines bekostigd (en vervolgens beheerd) werd door lokale investeerderscoöperaties.[2]

Inmiddels is het een landelijke regel dat windmolens voor 20 procent in handen van de lokale gemeenschap moeten zijn. In Samsø leerde men dat omwonenden veel sneller over bezwaren heen stappen wanneer dat het geval is. Om mensen daartoe in staat te stellen, gaf de overheid de mogelijkheid goedkope leningen te verstrekken via de lokale overheidsbank, *KommuneKredit*. In ruil daarvoor committeerden bewoners zich aan het inkopen van lokaal opgewekte energie voor een periode van tien jaar, zodat het initiatief ook van de grond zou komen. Eén partij was niet te spreken over de ontwikkelingen, Hermansen zei daar zelf over: 'Wat we deden was anticompetitief en de oliebedrijven op Samsø waren er niet blij mee. Maar ons argument was dat, natuurlijk, misschien twee chauffeurs van olievrachtwagens hun baan kwijtraken, maar zij net zo goed [de brandstof voor andersoortige warmte- en elektriciteitscentrales] kunnen rondrijden.'[3]

Het collectieve eigenaarschap dat de bevolking kreeg was meteen succesvol. Terwijl de energievoorziening van Samsø in 1997 nog volledig op fossiele brandstoffen draaide, dekte lokale windenergie in 2000 al de gehele elektriciteitsconsumptie van de inwoners. Nadat er in 2002 nog eens tien offshore windturbines werden toegevoegd, wekte Samsø genoeg energie op om de transportuitstoot van het eiland te compenseren. Vanaf 2003 was er daardoor sprake van een energie-overschot, waardoor de inwoners van Samsø vandaag de dag een spectaculaire CO_2-voetafdruk van *minus* 12 ton hebben, tegenover een gemiddelde van 6,2 in Denemarken en 10 in Nederland.

De transitie in Samsø illustreert niet alleen het belang

en de potentie van collectief eigenaarschap over de energietransitie, maar laat ook zien hoeveel er mogelijk is wanneer de samenleving en de politiek duidelijke doelen aan de economie opleggen. In deze casus zette de overheid een heldere ambitie neer, waarna een gemeenschap het initiatief nam om die droom in werkelijkheid om te zetten. De investeringen die daaruit voortkwamen, zorgden zowel voor een succesvolle transitie naar duurzame energievoorziening, als voor eigenaarschap, financieel voordeel en werkgelegenheid voor leden van de betrokken gemeenschap.

Van Samsø naar het 'Diepe Zuiden'

Onder zo mogelijk nog onwaarschijnlijkere omstandigheden verwezenlijkt een werknemerscoöperatie in Jackson, Mississippi een radicalere visie op een just transition. Op 9 november 2016 werd een groot deel van progressief Amerika wakker in een nachtmerrie: de openlijk racistische en seksistische miljardair Donald Trump had de presidentsverkiezing gewonnen. Hoe in deze omstandigheden te strijden voor een betere samenleving? Kali Akuno, mede-oprichter van de Jackson Coöperatie, kon alleen maar denken: 'Welkom in [de wereld van] Mississippi'.[4]

Jackson is met zo'n 165 000 inwoners de hoofdstad van de zuidelijke staat Mississippi, een van de meest conservatieve staten van het land. De staat kent bovendien de twijfelachtige eer de meeste armoede te tellen onder zijn inwoners. Dit heeft het veelal conservatieve staatsbestuur er niet van weerhouden de afgelopen jaren te snoeien in de financiële steun voor armoedebestrijdingsprogramma's. Bovendien loopt er een duidelijke raciale lijn door de armoede: 14 procent van de witte inwoners is arm, tegenover 34 procent van de afro-Amerikaanse gemeenschap.[5] Jarenlang lukte het de zwarte gemeenschap ondanks een goed georganiseerde burgerrechtenbeweging niet om daadwerkelijke politieke macht te grijpen. Tot in 2013 de activist Chokwe Lumumba tot burgemeester van de stad werd verkozen. Dit dankte hij onder andere aan een ambitieus plan om een nieuwe economie vorm te geven waarin de zwarte achtergestelde bevolking een centrale plek zou krijgen. Daartoe zou de lokale economie zo veel mogelijk gedemocratiseerd moeten worden. Inspiratie putte hij uit *Kwanzaa*, een traditioneel feest binnen de afro-Amerikaanse gemeenschap in de Verenigde Staten. Het feest viert de zeven principes, ook wel *Nguzu Saba* genoemd, waarvan de twee begrippen *Ujima* en *Ujamaa* hun weg vonden naar Jackson.[6] Deze twee principes stellen dat het van belang is samen de gemeenschap te bouwen en onderhouden, waarbij je broeders' en zusters' problemen ook jouw problemen zijn (Ujima) en waarbij je samen bedrijven bouwt en onderhoudt, zodat iedereen ervan kan profiteren (Ujamaa). Het moge duidelijk zijn dat samenwerking diep genesteld zit in de principes van het feest. Helaas overleed burgemeester Lumumba nog geen jaar na zijn verkiezingswinst, maar zijn ambitie leefde voort en transformeerde in iets nieuws: de Cooperation Jackson.

In 2013 richtte Kali Akuno met een groep medestanders de coöperatie op, met de ambitie een politieke boodschap én een nieuw economisch model te combineren. Het uitgangspunt was als volgt: aangezien de economie en de politiek niet werken voor de zwarte gemeenschap van Jackson, kan men net zo goed proberen er een parallel economisch en politiek systeem naast te plaatsen. Socialistisch? Daar is Akuno het absoluut niet mee eens: het was ondernemen pur sang, maar gebaseerd op andere waarden. Door de economie lokaal en zo veel mogelijk collectief te houden, proberen de activisten een systeem te scheppen waarin leden van de gemeenschap afgeschermd zijn van de grotere politieke en economische machten in de staat en het land.[7] Uiteindelijk wil Akuno een zo breed mogelijk collectief bouwen, dat een werkelijk parallel economisch systeem draaiende kan houden: een federatie van coöperaties. Twee uitgangspunten staan daarbij centraal: een economische democratie en een solidariteitseconomie. De democratisering houdt in dat men streeft naar zo veel mogelijk toegang tot en beschikking over alle onderdelen van de economie. Van grondstoffen tot productie, distributie en consumptie: alles gebeurt via samenwerking en geen enkel individu kan iets in die keten voor zichzelf opeisen. De solidariteitseconomie betekent dat de gemeenschap probeert om de economie in te richten op basis van waarden als samenwerking, wederkerigheid, duurzaamheid en rechtvaardigheid.

De coöperatie in Jackson is begonnen met het opzetten van stadsboerderijen om eigen voedsel te produceren, heeft inmiddels een café geopend, is een cateringbedrijf gestart en een incubator voor leden die hun eigen bedrijf willen starten. Ook is men begonnen met het opkopen van stukken land om een ware *eco-village* van duurzame huizen te bouwen voor inwoners met een laag inkomen. Het doel is om deze huizen weg te houden van de markt. Door gentrificatie stijgen de huizenprijzen snel, terwijl het stadsbestuur weinig doet om betaalbare woningen te realiseren. Binnen het parallelle systeem werken activisten ook aan een eigen bank en kredietsysteem, zodat ze niet langer afhankelijk zijn van de grote financiële instituties. Het is belangrijk om te begrijpen dat ze hiermee in feite niets nieuws doen: veel ondernemingen en financiële instituties zoals banken en verzekeraars zijn ooit begonnen als – of zijn nog steeds – coöperaties. Het bekendste voorbeeld is de Rabobank. Gemeenschappen van boeren bundelden hun krachten om samen sterker te staan. Die instituten groeiden. Sommige verloren door de tijd heen hun raison d'être. Anderen staan nog fier overeind, maar zijn zoekende naar hun coöperatieve identiteit. Hoe dan ook, de originele behoefte voor sterke coöperaties is nog altijd springlevend. De Cooperation Jackson mag dan klein zijn in omvang, de betekenis voor de lokale gemeenschap is enorm. Met de coöperatie brengen Akuno en zijn medeactivisten allerhande bedrijvigheid terug in het domein van de commons – de collectieve eigendomsstructuur die we eerder in dit boek zagen. Door economische zelfstandigheid voor de hele gemeenschap te creëren, vergroten de leden volgens Akuno hun politieke macht om de samenleving als geheel te hervormen. Wie niet langer bang is om honger te lijden, durft tenslotte ook eerder de straat op te gaan om zijn of haar rechten op te eisen. In Jackson leidt de collectieve benadering dus niet tot een beperking van de persoonlijke vrijheid van het individu, juist tot een groei daarvan.

III EEN NIEUW VERHAAL

Van Mississippi naar Emilia-Romagna

Cooperation Jackson creëert in het Amerika van Trump een nieuwe bubbel, maar hoeft het wiel niet opnieuw uit te vinden. De afgelopen jaren verschijnen steeds meer publicaties waarin coöperaties worden aangeprezen als veelbelovend idee. Werknemerscoöperaties geven werknemers allereerst meer zeggenschap en controle over het management van hun werkplek. Maar de voordelen reiken veel verder. Onderzoek toont aan dat coöperaties bijna twee keer meer kans hebben langer dan vijf jaar te bestaan dan normale bedrijven.[8] Van die laatste categorie overleeft slechts 44 procent de vaak moeilijke eerste jaren, terwijl 80 procent van de coöperaties deze periode met succes doorstaat.[9] Een vergelijkbaar beeld komt naar voren uit Frankrijk, waar 80 tot 90 procent van de co-ops de eerste drie jaar van hun bestaan met succes doorstaat, vergeleken met slechts 66 procent voor reguliere ondernemingen.[10] Onderzoekers betogen dat deze verschillen voortkomen uit het feit dat coöperaties vaak een hogere productiviteit kennen. Werknemers verbinden zich dankzij hun eigenaarschap met hun werkplek en zijn daarom bereid harder te werken.[11] Met productiviteit komt vervolgens commercieel succes.[12] Ander onderzoek suggereert dat schommelingen in de wereldeconomie door bijvoorbeeld handelsoorlogen minder impact hebben op werkgelegenheid bij coöperaties, omdat werknemers de bereidheid hebben om met behulp van werktijdherverdeling en tijdelijke kortingen baanverlies te minimaliseren.[13] In plaats van mensen te ontslaan kiezen ze er dus voor allemaal iets in te leveren totdat betere tijden aanbreken. Op die manier kunnen ze veel beter mee-ademen met hun omgeving dan gewone organisaties.

Uiteraard werkt het coöperatiemodel niet altijd en overal. In het Joegoslavië van de communistische maarschalk Josip Tito mislukten coöperatieve experimenten door corruptie en vriendjespolitiek.[14] Hierin schuilt een belangrijke les: het falen of slagen van het model hangt voor een deel af van de samenleving waarin de coöperatie al dan niet geworteld is. Als werknemerscoöperaties toegang hebben tot een steunend netwerk van andere co-ops en een gunstig gestemde overheid, kunnen zij zeer succesvol meedraaien en zelfs concurreren met 'normale' ondernemingen. Zo is het coöperatiemodel niet alleen een organisatievorm die werknemers meer eigenaarschap geeft over hun eigen werkplek, maar ook een potentieel instrument om de economie van binnenuit te veranderen.

De Italiaanse coöperatieve sector, met meer dan 800 000 werknemer-eigenaren mogelijk de grootste ter wereld, is voor zijn succes goeddeels afhankelijk van nauwe samenwerking tussen coöperaties onderling, en van een overheid die waar nodig financiële ondersteuning en stimulerende regelgeving biedt.[15] De Italiaanse overheid heeft een publiek fonds opgericht waaraan iedere coöperatie 3 procent van haar jaarlijkse winst afdraagt en waaruit nieuwe of noodlijdende coöperaties steun ontvangen. En dat kan tot bijzondere resultaten leiden, zoals we zien in de Italiaanse regio Emilia-Romagna.

Emilia-Romagna staat onder academici en activisten al decennia bekend als *The Emilian Model* en is het perfecte voorbeeld van een coöperatief ecosysteem – een netwerk waarbinnen coöperaties op allerlei manieren met elkaar samenwerken. In deze regio is ongeveer twee derde van de 4,5 miljoen inwoners lid van ten minste één coöperatie. Deze coöperaties, waaronder achtduizend werknemerscoöperaties, zijn samen goed voor 30 procent van het bruto regionaal product, dat een kwart hoger ligt dan het Italiaanse gemiddelde en zelfs 36 procent hoger dan het Europese gemiddelde. In hoofdstad Bologna wordt zelfs 85 procent van de sociale dienstverlening – van kinderopvang tot bejaardenzorg – verricht door sociale coöperaties. De resultaten zijn uitzonderlijk. Op vrijwel alle fronten is Emilia-Romagna een koploper: het behoort tot de meest productieve regio's van Europa, heeft een veel lagere werkloosheid dan de rest van Italië, de hoogste arbeidsparticipatie van vrouwen van heel Italië, en minder inkomensongelijkheid. Onderzoek uit 2013 toont aan dat coöperaties zowel qua omzet als qua banen bleven groeien tijdens de nasleep van de kredietcrisis, die in Italië bijzonder stevig huishield.[16] De groei van het aantal banen kwam vooral voort uit nieuwe coöperaties, wat het beeld bevestigt dat ook uit het voorbeeld van Jackson blijkt: juist in moeilijke tijden en vijandige omgevingen bieden coöperaties uitkomst.

De geschiedenis van de coöperaties in de regio laat zien dat een succesvolle andere manier van werken en waarde verdelen goed mogelijk is, maar dat het, zoals met alles, afhangt van de politieke keuzes die een samenleving maakt.[17, 18] In Emilia-Romagna is een hele economie ingericht naar een model van samenwerking en gedeeld eigenaarschap. Er zijn ook plekken ter wereld waar werknemers proberen grote techbedrijven met dit model te bestrijden.

Van Bologna naar Denver, Colorado

De platformeconomie werd bij het ontstaan van bedrijven als Airbnb en Uber onthaald als dé grote innovatie van de eenentwintigste eeuw. Opinieleiders, trendwatchers en politici buitelden over elkaar heen om deze 'disruptie' of 'creatieve destructie' te verwelkomen. Dat debat begon na een aantal jaar te kantelen. De bedrijven leken behalve extra gebruikersgemak minder innovatie te brengen dan aanvankelijk gedacht. Zo maken bedrijven als Uber of Booking.com het weliswaar makkelijker om een taxi of overnachting te boeken, aan het vervoer of de overnachting is in wezen niets veranderd. Bovendien wordt steeds duidelijker dat hun strategieën zich richten op het veroveren van een monopolie, waarbij ze het opzoeken van de grenzen en zelfs overtreden van wetgeving niet schuwen. Hun lobbyinspanningen zijn vandaag de dag groter dan ooit.[19]

Daarnaast zagen we dat er principiële vragen zijn die verder gaan dan het agressieve marktgedrag van de veelal Amerikaanse techbedrijven. Waarom moet het geld dat een bedrijf als Uber verdient eigenlijk wegstromen naar aandeelhouders in verre oorden? Is het niet mogelijk en wellicht zelfs logisch dat diegenen die het werk doen – de chauffeurs – ook profiteren van het platform waarop ze hun werk aanbieden? Is het met andere woorden mogelijk de waarde te behouden waar die ontstaat? Kan technologie een rol spelen in het versterken van werkenden ten opzichte van grote bedrijven? Het antwoord op al die vragen is ja.

De uitdaging met grote platformbedrijven is het feit dat ze de consumptie of vraag van gebruikers bundelen tot een groot en sterk collectief, maar de aansprakelijkheid, het risico, de verantwoordelijkheid en het eigenaarschap zo veel mogelijk versnipperen over de aanbieders van diensten, bijvoorbeeld taxichauffeurs. De bedrijven collectiviseren de kosten en privatiseren de winsten. Zoals we eerder zagen, creëert dit een enorm machtsverschil: de chauffeurs dragen alle risico's en zijn bovendien niet in de positie om de strijd aan te gaan met het onzichtbare maar gigantische collectief dat ze tegenover zich hebben. Het kan ook anders. Een alternatief model gebruikt de voordelen die platformbedrijven te bieden hebben, zoals de makkelijke toegang tot werk, flexibiliteit voor werkenden en het gebruiksgemak voor klanten. Maar in plaats van alles afwentelen worden het eigenaarschap, de waarde en de risico's óók gedeeld.

Het is op veel plaatsen weliswaar nog klein, maar het antwoord op deze vragen groeit als kool: de platformco-ops. Deze bedrijven zijn een democratisch alternatief voor de waarde slurpende platformondernemingen. Platformco-ops kunnen nu nog niet op grote schaal concurreren met de slagkracht van hun grote commerciële concurrenten, maar hebben de potentie hen in de toekomst te overvleugelen. Zo is Green Taxi een coöperatie bestaande uit een groep taxichauffeurs in Denver, Colorado, die het verdienmodel van Uber op zijn kop probeert te zetten. Het initiatief startte in 2014 en telt inmiddels honderden chauffeurs van bijna veertig verschillende nationaliteiten.[20] De lokale vakbond Communications Workers of America hielp bij het opstarten van een voorganger van het bedrijf om zo een nieuw blok te vormen in de versnipperende taximarkt. Toen Uber vervolgens de markt betrad, besloot CWA dat de enige manier van overleven het kopiëren van het model zou zijn.

Het idee is vrij simpel: in plaats van techmiljonairs, hedgefondsen en Saoedische prinsen is het platform in handen van de chauffeurs zelf. Zij hebben zich ingekocht en zijn werknemer en mede-eigenaar tegelijkertijd. Het werkt als een trein. Klanten bestellen hun taxi via eenzelfde soort app en mogen dezelfde dienstverlening verwachten. De prijzen liggen iets hoger omdat Green Taxi, in tegenstelling tot de concurrenten uit Silicon Valley, in de opstartfase niet over de miljarden kan beschikken om haar diensten voor een kunstmatig lage prijs te leveren. Bovendien krijgen de chauffeurs van Green Taxi een normaal salaris betaald. Toch zijn de prijsverschillen kleiner dan je wellicht zou denken. Hoe dat kan? De coöperatie hoeft geen kostbaar hoofdkantoor te onderhouden en verspilt geen geld aan duurbetaalde lobbyisten, advocaten en pr-medewerkers waar de grote techreuzen wél zwaar op leunen. Bovendien is het delen van risico's een stuk efficiënter dan wanneer iedereen alles voor zichzelf moet regelen.[21] Zo bezien heeft Green Taxi naast een mooi ideaal ook een goede businesscase.

Green Taxi is niet het enige initiatief dat probeert de taxibranche terug te veroveren. Het bedrijf vertegenwoordigt een groeiende en hoopvolle trend in de taxiwereld, zowel in de Verenigde Staten als daarbuiten. Van het vergelijkbare Yellow Cab Cooperative in Portland, Oregon of COOP Taxi in Seoul, tot de platformchauffeursvakbond CADA in Californië, die ook zijn eigen app ontwikkelde, en de app LaZooz in Israël: op veel verschillende plaatsen ontwikkelen chauffeurs én passagiers alternatieven voor bedrijven als Uber.[22] Het succes van deze initiatieven hangt wel af van de steun en het netwerk dat de organisaties om zich heen kunnen verzamelen. Net zoals Silicon Valley voortkwam uit een mengsel van investeerders, onderzoek van Stanford University en een staatsbestuur dat gunstige regels opstelde, hebben ook deze nieuwe initiatieven behoefte aan een ondersteunend ecosysteem. Dit kan goed bestaan uit het maatschappelijk middenveld, vakbonden, ngo's, stadsbesturen of zelfs landelijke overheden; cruciaal is dat de samenleving de co-ops moet omarmen. We hopen dan ook dat de Nederlandse vakbonden op eenzelfde manier samenwerking met een brede coalitie gaan zoeken om niet alleen uitwassen van de huidige economie te bestrijden, maar vooral ook een nieuwe economie mede vorm te geven.

Van Green Taxi's naar de Green Bay Packers

Een deel van deze voorbeelden was nog kleinschalig. Toch zijn er evengoed voorbeelden te geven van andere spectaculaire samenwerkingsvormen. Bijvoorbeeld in de Amerikaanse sportwereld; het land waar de markt getriomfeerd heeft en elk ander model verslagen zou zijn.

Green Bay is een stad in de noordelijke Amerikaanse staat Wisconsin en ligt helemaal aan het einde van een baai van het gigantische Lake Michigan. We moeten de term 'baai' hier in ruime zin opvatten: deze is vier keer zo groot als het IJsselmeer. In de winter kan het ijzig koud worden en ploegen de bewoners zich door lagen sneeuw, terwijl in de zomer vloten zeilbootjes de haven uitvaren om een dag door te brengen op het helderblauwe water. De stad is klein, zeker voor Amerikaanse begrippen: met iets meer dan honderdduizend inwoners vergelijkbaar met een plaats als Zwolle. Het is al met al een onwaarschijnlijke plek voor een van de grootste American Football-clubs van de vs, de Green Bay Packers. Nog opmerkelijker is het feit dat deze club een non-profitorganisatie is.

Green Bay moet het niet hebben van haar industriële achterland of grote financiële centrum. De stad zit al helemaal niet vol met rijke geldschieters, zoals veel andere Amerikaanse steden. Toch weet hun non-profitteam het met succes op te nemen tegen de miljoenenarmada's uit New York, San Francisco, Chicago en andere metropolen. Hun geheim? De meer dan honderdduizend eigenaren uit de stad en haar landelijke omgeving.

In de jaren twintig van de vorige eeuw stond de sportclub op het punt faillissement aan te vragen. In plaats van opgeven besloten de bestuurders om aandelen te verkopen aan de fans en de gemeenschap. Door ieder een paar dollar in te leggen, werden fans mede-eigenaar en kon de club overleven.[23] Die groep groeide tot de 360 000 eigenaren van vandaag de dag. Het aantal toegestane aandelen per houder is beperkt, waardoor geen enkel individu ooit een meerderheid kan verkrijgen. De club keert geen dividend uit en aandeelhouders hebben geen extra toegang tot kaartjes. In feite krijg je er als mede-eigenaar weinig extra's voor terug, behalve dat ene grote goed waar het allemaal om draait: een succesvol team in je eigen stad.

De Packers hebben een bijzondere relatie met de gemeenschap en hun thuishaven. Omdat er geen miljardair is die de club bezit, zijn ze ook niet overgeleverd aan de grillen van één individu met meeslepende ambities. Het beleid van de club is stabiel. Het team zal niet naar een andere stad verhuizen – een gebruikelijke praktijk in de Amerikaanse competitie. Bovendien kan de club leunen op een leger aan vrijwilligers, bijvoorbeeld tijdens de strenge winters wanneer het veld en de parkeerplaatsen sneeuwvrij moeten worden gemaakt. Die overvloed aan bereidwillige handen biedt nog een tweede voordeel: snacks en drankjes in het stadion zijn goedkoper én 60 procent van de opbrengst gaat naar lokale goede doelen.

De club staat er financieel goed voor, is al twee decennia lang doorlopend uitverkocht, heeft een diepe verbinding met de gemeenschap in Green Bay en won bovendien in 2010 nog de prestigieuze Super Bowl. Een sprookje, zou je bijna denken. Helaas denkt de NFL – de landelijke American Football-federatie – daar anders over. In 1960 namen ze al reglementen aan die ervoor moeten zorgen dat geen andere club het in zijn hoofd haalt het model van de Packers te kopiëren. De sportbond ziet non-profitclubs als een bedreiging van het eigen verdienmodel. De regel onderstreept nog eens hoe de economie altijd vorm krijgt aan de hand van regels en afspraken, zelfs wanneer die er niet lijken te zijn.

Het moment is nu

De voorbeelden uit dit hoofdstuk zijn niet meer dan een heel beperkte greep uit de vele verhalen die er te vinden zijn.[24] Overal ter wereld experimenteren ondernemers, bestuurders, activisten en gemeenschappen met nieuwe (en oude) samenwerkingsvormen die helpen om fantoomgroei te bestrijden. Ze zijn uiteenlopend in tijd, plaats, cultuur en doel. Maar elk van die kleine verhalen toont aan dat eigenaarschap, zeggenschap, waarde, samenwerking, gemeenschappelijkheid en de rol van het klimaat wel degelijk een heel andere plek kunnen krijgen in de economie. Daarmee dagen ze de rest van ons brutaal uit: waarom doen jullie nog niet mee? De inspiratie waait inmiddels over naar het politieke debat. In de Verenigde Staten en het Verenigd Koninkrijk strijden activisten voor het veranderen van het eigenaarschapsmodel van ondernemingen. Ze willen dat werknemers een plaats krijgen in bedrijfsbesturen, zodat hun belangen beter opwegen tegen die van de aandeelhouder.[25] Een andere mogelijkheid die vaak wordt genoemd, is het uitgeven van aandelen aan medewerkers, zodat zij als collectief mede-eigenaar worden van het bedrijf.[26] Op die manier is er meer oog voor hun belangen en kan het bedrijf onmogelijk alleen op kortetermijnwinst sturen. Bovendien is er op die manier een betere balans tussen uitgekeerde winst en salarisverhogingen.

In Nederland komt daarnaast de vraag steeds meer op of ondernemingen niet veel meer oog moeten hebben voor álle belanghebbenden in en rond de onderneming.[27] Denk aan een combinatie van burgers, publieke instituties en het milieu. Deze zogenoemde *stakeholdervalue*-benadering stelt dat bedrijven waarde moeten creëren voor de gehele gemeenschap waarin ze actief zijn, in plaats van alleen financiële waarde voor hun aandeelhouders. Het doet denken aan de wijze waarop Philips de stad Eindhoven op de kaart zette. We zouden graag zien dat grote ondernemingen een eigentijdse invulling geven aan de principes van weleer.

In de zomer van 2019 begonnen zelfs de CEO's van het grote Amerikaanse bedrijfsleven dit schoorvoetend toe te geven: misschien draait het toch om meer dan de aandeelhouder.[28] Ook de Nederlandse ondernemersverenigingen kondigden aan graag 'met de samenleving in gesprek te willen'.[29] Het zijn stuk voor stuk mooie en hoopvolle ambities, maar vooralsnog is het ook niet meer dan dat. Mooie woorden, die nog weinig praktische navolging hebben gekregen. De structuren waarin ondernemingen (moeten) opereren zijn nog altijd gericht op de aandeelhouder.[30]

Vanaf de jaren tachtig van de vorige eeuw kwam het belang van de aandeelhouder steeds meer centraal te staan. In de jaren twintig van deze eeuw moeten we de gemeenschap weer centraal stellen. Bij voorkeur kiezen bedrijven dit pad op eigen initiatief, maar er is niets mis met wetgeving om de achterblijvers en de treuzelaars een duwtje in de gewenste richting te geven. Na de massale staatssteun waarmee wij als belastingbetalers het bedrijfsleven door de crisis hebben geholpen, verkeren we meer dan ooit in de positie om eisen te stellen. Waarom zouden we nog ruimte bieden aan ondernemingen die banen creëren waar mensen niet van kunnen bestaan of die willens en wetens het milieu schaden, puur om er zelf beter van te worden? De tijd is eveneens gekomen om een einde te maken aan de staande praktijk van (met name) grote ondernemingen om hun winsten via allerlei brievenbusfirma's en andere fiscale constructies het land uit te sluizen. Dit is ook in hun eigen belang. We hebben hun belastingopbrengsten nodig om het onderwijs, de zorg, de rechterlijke macht, de politie en al die andere publieke diensten te versterken die samen maken dat bedrijven hier succesvol kunnen zijn. Nederland kan hierin een leidende rol spelen door zelf niet langer als belastingparadijs voor buitenlandse bedrijven te fungeren.

Maar we moeten ook zelf aan de slag. De co-ops uit dit hoofdstuk zijn het resultaat van ondernemende burgers die het heft in eigen hand hebben genomen. Een pleidooi voor meer gemeenschapszin en solidariteit is allerminst een pleidooi tegen ondernemerschap. Integendeel. Juist nu hebben we meer dan ooit behoefte aan visionaire ondernemers, die samen met hun personeel bouwen aan een betere samenleving. Dit kan gaan om nieuwe bedrijven, maar bestuurders en medewerkers van bestaande ondernemingen kunnen hun bedrijfsvoering evengoed sociaal en duurzamer maken. Het maakt hiervoor niet eens uit hoe hoog in de boom je zit. Echte verandering komt van onderop; als we allemaal het kleine beetje invloed dat we hebben in ons dagelijks werk aanwenden om betere en bewustere keuzes te maken, dan hebben we die betere wereld veel sneller gerealiseerd dan je ooit voor mogelijk hebt gehouden. En natuurlijk moeten we onze politici scherp houden. Een pleidooi voor gemeenschapszin is geen exclusief links verhaal. Integendeel. Het gaat ook over barmhartigheid en goed rentmeesterschap. Over kansengelijkheid. En over het creëren van een land waarin hard werken voor iedereen loont. Dit zijn bij uitstek thema's waar alle traditionele Nederlandse politieke partijen zich thuis bij kunnen voelen, en waar ze elkaar kunnen vinden in de beste traditie van de Nederlandse polder. Direct na de bevrijding propageerde de Nederlandse overheid emigratie naar landen als Australië en Canada. In het in puin geschoten Nederland, zo was de algehele opvatting, zou het wel nooit meer lukken om voldoende banen te creëren voor de circa tien miljoen inwoners die ons land toen telde. Maar toen liberalen, sociaaldemocraten en de christelijke partijen gezamenlijk en eensgezind hun schouders onder de samenleving zetten, hebben we de grootste bloeiperiode uit onze geschiedenis beleefd.

We begonnen onze zoektocht met de vraag waarom de lonen nauwelijks stijgen. Maar we zijn geëindigd met de vraag wat voor wereld we wensen voor onze kinderen. De eerlijkheid gebiedt ons te zeggen dat we zelf ook beduusd zijn over wat we allemaal voorstellen. We hebben de overheid herontdekt als schepper van waarde, welzijn en welvaart. We stellen voor om afscheid te nemen van het bbp als graadmeter voor het succes van onze samenleving. We willen zelfs de gangbare betekenis van het begrip 'economie' wijzigen. Natuurlijk beseffen we zelf maar al te goed hoe groot en ingrijpend onze voorstellen zijn. En toch, als we voldoende mensen kunnen overtuigen om deze reis met ons te maken, ligt die nieuwe, betere wereld binnen handbereik. We hoeven het alleen maar te willen. Het moment is nu.

Epiloog

In *De avonturen van Alice in Spiegelland* van Lewis Caroll komt Alice na haar avonturen in Wonderland wederom in een omgekeerde wereld terecht. Eén van de figuren die ze daar ontmoet is Humptie Dumptie, een enigszins prikkelbaar, levensgroot ei. Humptie Dumptie heeft de vrijheid genomen om aan bestaande woorden heel nieuwe betekenissen toe te kennen:

> 'En dan is er maar één dag voor verjaardagscadeaus. Dat is pas glorie!'
> 'Ik weet niet wat u bedoelt met "glorie",' zei Alice.
> Humptie Dumptie glimlachte neerbuigend. 'Natuurlijk weet je dat niet. Dat weet je pas als ik het je vertel. Ik bedoelde "iets waar je niets tegen in kunt brengen"!'
> 'Maar "glorie" betekent helemaal niet "iets waar je niets tegen in kunt brengen",' wierp Alice tegen.
> 'Als ik een woord gebruik,' zei Humptie Dumptie op hooghartige toon, 'betekent het gewoon wat ik wil dat het betekent – niets meer en niets minder.'
> 'De vraag is,' zei Alice, 'of je woorden wel zulke verschillende dingen kúnt laten betekenen.'
> 'De vraag is,' zei Humptie Dumptie, 'wie de baas is. Meer niet.'[1]

EPILOOG

We hebben onze hele samenleving gebouwd rond de verhalen die we elkaar vertellen. Wij moeten onszelf daarom voortdurend de vraag stellen wie de baas is over onze woorden, onze taal, onze verhalen en daarmee over de wereld waarin we leven. Je kunt de wereld tenslotte pas begrijpen als je de oorsprong van deze verhalen kent, en de reden waarom iemand het verhaal ooit voor de eerste keer heeft verteld.

Wij zijn in 2018 begonnen aan de ontdekkingsreis die heeft geresulteerd in dit boek. Maar zelfs na twee jaar onderzoeken en schrijven, staan we nog maar aan het begin van onze missie. We kennen nu de verhalen die ons fantoomgroei hebben gebracht, en we geven een voorzet over hoe een nieuwe wereld eruit kan zien. Maar daarmee begint het avontuur pas. Wij hebben niet het vermogen om de wereld vanachter onze schrijftafels te veranderen. Daar gaat de samenleving zelf over. Maar wij kunnen onze politici, denkers, ondernemers, werknemers, studenten, scholieren en vrijwilligers wel aanmoedigen om betere keuzes te maken. En dat blijven we doen, in gesprekken en debatten, in onze podcast, online en wanneer dat weer kan in zaaltjes in het land. Wil jij onderdeel zijn van dit avontuur? Abonneer je dan op een van onze kanalen, of ontmoet ons op onze website www.fantoomgroei.nl.

Dankwoord

Allereerst gaat onze dank uit naar Anja Jongbloed van vakbond FNV. Nog voordat we een letter op papier hadden gezet, heeft zij ons een ruimhartige subsidie toegekend om onze zoektocht mogelijk te maken. Ze deed dit zonder enige voorwaarde te verbinden aan ons werk. Zonder haar steun en subsidieverstrekking zou het onmogelijk zijn geweest dit boek te schrijven.

Grote dank gaat ook uit naar Casper Gelderblom, die ons als onderzoeker heeft geholpen om aansprekende coöperatieve bedrijven en initiatieven uit de hele wereld in kaart te brengen. Zijn bevindingen leverden een belangrijke bijdrage aan de laatste hoofdstukken van dit boek. We wensen Casper alle goeds bij zijn promotieonderzoek, en we hopen die gunst ooit eens terug te kunnen betalen wanneer hij later als topwetenschapper verbonden is aan een toonaangevend instituut.

We willen hier eveneens onze dank uitspreken aan alle economen, filosofen, historici, politicologen en andere denkers op wiens schouders wij mogen staan. Zonder de honderden waardevolle studies van anderen, die wij tijdens onze zoektocht tot ons hebben kunnen nemen, waren we nergens geweest.

We danken alle medewerkers van uitgeverij Atlas Contact, die ons hebben bijgestaan om dit boek te maken tot wat het is geworden. Om te beginnen met hoofdredacteur Sandra Wouters die ons met haar eigenzinnige – soms ronduit directe – begeleiding heeft behoed voor alle zijpaden en afslagen die wij geneigd zijn te bewandelen. We danken Femke Bilderbeek voor de marketing, Ron Kroon voor de productiebegeleiding en Samira van Rhee voor de eindredactie. Ook danken we Moker Ontwerp voor het omslag, en Anna Krans en Marian van Eekelen voor het zetten van de puntjes op de i.

We danken Thomas Schenk voor al zijn hulp bij het bedenken en produceren van de videotrailer en de content voor de online campagne 'Wat is jouw wens voor na de crisis?'. Zonder jouw hulp hadden we nooit zo snel zoveel mensen kunnen enthousiasmeren voor dit boek. Jan Buys heeft ons een enorme dienst bewezen door de evenementenhal in het Klokgebouw op Strijp-S beschikbaar te stellen voor de opnames van de videotrailer. We hadden ons geen toepasselijker decor kunnen wensen. Verder willen we Famke Ernst bedanken voor haar geloof in ons boek.

Mijn (Hendrik) dank gaat bovendien uit naar mijn familie, die besloot mijn vele onuitstaanbare momenten te accepteren. In de eerste plaats is dat mijn vriendin, voor haar eindeloze steun en geduld. Maar ook mijn ouders en broers, die mij als een stootkussen omringden. Daarnaast gaat mijn dank uit naar mijn voormalig leidinggevenden, Harry van de Kraats, Gerard Groten en bovenal Hans van der Steen, die mij allen op hun eigen manier inspireerden en van wie ik ongelofelijk veel heb geleerd.

Ik (Sander) wil mijn vrouw en onze lieve kinderen bedanken voor hun onvoorwaardelijke steun op al die momenten dat ik mij vertwijfeld afvroeg of we dit boek ooit nog tot een goed einde zouden weten te brengen. Jullie zijn een bron van voortdurende inspiratie. Ik heb volop genoten van al die kleine momenten dat jullie mij tijdens het schrijven kwamen trakteren op een knuffel, een tekening, een kop thee of een mopje. De maanden die we met zijn vieren thuis in quarantaine hebben doorgebracht, zal ik de rest van mijn leven koesteren.

Noten

Proloog

1 Badir, M. (2018, 5 februari). Besteedbaar inkomen van huishoudens staat al bijna veertig jaar vrijwel stil. *Rabobank*. Geraadpleegd via http://economie.rabobank.nl.
2 Redactie Economie&Politiek (2018, 20 augustus). Rutte: afschaffing dividendbelasting 'bizar maar noodzakelijk'. *Het Financieele Dagblad*. Geraadpleegd via www.fd.nl.
3 https://www.dpgmedia.nl/nieuws/jaarcijfers-2018-bekend
4 Speech Mark Rutte, VVD-festival 2019. Geraadpleegd via https://www.youtube.com/watch?v=w13h-xiV1Qo.
5 Goslinga, H. (2020, 5 april). De spectaculaire bekering van Rutte. *Trouw*. Geraadpleegd via www.trouw.nl.
6 Mounk, Y. (2018). *The People vs. Democracy*. Cambridge, Massachusetts: Harvard University Press.
7 Bloodworth, J. (2018). *Hired: Six Months Undercover in Low-Wage Britain*. Londen: Atlantic Books.
8 Mason, R. (2019, 18 augustus). Brexit: Leaked Papers Predict Food Shortages and Port Delays. *The Guardian*. Geraadpleegd via www.theguardian.com.
9 Saez, E. & Zucman, G. (2019). *The Triumph of Injustice: How the Rich Dodge Taxes and How to Make Them Pay*. New York: W.W. Norton & Company.
10 Bron: Peilingwijzer, Tom Louwerse.

11 Kiesraad (2017, 20 maart). Officiële uitslag Tweede Kamerverkiezing 15 maart 2017. Geraadpleegd via www.kiesraad.nl.
12 Centola, D., e.a. (2018). Experimental Evidence for Tipping Points in Social Convention. *Science* Vol. 360, Issue 6393, pp. 1116-1119.

1 Dubbeltjes worden stuivers

1 Heijne, S.J. (2010, 21 april). Het enige vertier komt van de tv. *de Volkskrant.* Geraadpleegd via www.volkskrant.nl.
2 Mani, A., Mullainathan, S., Shafir & E. & Zhao, J. (2013, 30 augustus). Poverty Impedes Cognitive Function. *Science.* Geraadpleegd via science.sciencemag.org.
3 Badir, M. (2018, 5 februari). Besteedbaar inkomen van huishoudens staat al bijna veertig jaar vrijwel stil. Rabobank. Geraadpleegd via http://economie.rabobank.nl.
4 IMF (2017). World Economic Outlook April 2017. International Monetary Fund. Geraadpleegd via www.imf.org.
5 Badir, M. (2018, 5 februari). Besteedbaar inkomen van huishoudens staat al bijna veertig jaar vrijwel stil. Rabobank. Geraadpleegd via http://economie.rabobank.nl.
6 EC (2019). European Semester 2019: Winter Package. European Commission. Geraadpleegd via www.europa.eu.
7 CBS (2018). Hogere hypotheekschuld bij huishoudens. CBS. Geraadpleegd via: www.cbs.nl.
8 NIBUD (2018). Factsheet geldproblemen in Nederland 2018. NIBUDz Geraadpleegd via www.nibud.nl.
9 Prins, C. (2018). Ruim een derde van de 20- tot 45-jarigen heeft minder dan 3000 euro spaargeld. Rabobank. Geraadpleegd via http://economie.rabobank.nl.

10 Spiegelaar, S. & Treur, L. (2019). Nederlandse schulden huizenhoog – wat zijn de risico's? Rabobank. Geraadpleegd via http://economie.rabobank.com.
11 Badir, M. (2018, 5 februari). Besteedbaar inkomen van huishoudens staat al bijna veertig jaar vrijwel stil. Rabobank. Geraadpleegd via http://economie.rabobank.nl.
12 Janssen, P., Schulenberg, R., van Vuuren, D. & Buitenhuis, M. (2018). Kinderen overtreffen hun ouders minder vaak in inkomen. *Economische Statistische Berichten* 103 (4765), 392.
13 Sociaal-Economische Raad (1998). Sociaal-Economisch beleid 1998-2002. SER. Geraadpleegd via www.ser.nl.
14 CPB (2019). Centraal Economisch Plan 2019. Centraal Planbureau. Geraadpleegd via www.cpb.nl.
15 Fransman, R. (2018, 17 september). Reactie: vooral doorgaan met AIQ-onderzoek. *Economische Statistische Berichten*. Geraadpleegd via www.esb.nu.
16 CPB (2019). Verzamelde bijlagen MEV 2020. Centraal Planbureau. Geraadpleegd via www.cbp.nl.
17 CBS (2015). Toegenomen arbeidsproductiviteit niet vertaald naar hogere beloning. Centraal Bureau voor de Statistiek. Geraadpleegd via www.cbs.nl; Badir, M., Hei, L. van de, Schoot, D. (2017). Nederlandse lonen raken verder achter op productiviteit. Rabobank. Geraadpleegd via http://economie.rabobank.com.
18 CBS (2019, 3 januari). In 2018 grootste stijging cao-lonen na 2009. Centraal Bureau voor de Statistiek. Geraadpleegd via www.cbs.nl.
19 Nu.nl (2020, 7 maart). AWVN: grootste cao-loonstijgingen in zeventien jaar. *Nu.nl*. Geraadpleegd via www.nu.nl.

20 Badir, M. (2018, 5 februari). Besteedbaar inkomen van huishoudens staat al bijna veertig jaar vrijwel stil. Rabobank. Geraadpleegd via http://economie.rabobank.nl.
21 OECD (2018, 4 juli). Rising Employment Overshadowed by Unprecedented Wage Stagnation. OECD Employment Outlook 2019. Geraadpleegd via www.oecd.org.
22 Scarpetta, S. (2018, 23 juli). What Happened to Wage Growth? *Medium*. Geraadpleegd via www.medium.com.
23 Thomas, M.E. (2019). *99%: Mass Impoverishment and How We Can End It*. Londen: Head of Zeus.
24 CBS (2018, 26 maart). Niet-financiële bedrijven boeken recordwinst. Centraal Bureau voor de Statistiek. Geraadpleegd via www.cbs.nl
25 CBS Statline (2019). Nationale rekeningen. Centraal Bureau voor de Statistiek. Geraadpleegd via www.cbs.nl.
26 EPI (2018). CEO Compensation Surged in 2017. Economic Policy Institute. Geraadpleegd via www.epi.org.
27 Kakebeeke, P. & Reijerman, R. (2019, 7 januari). Nederlandse cel verdient in drie werkdagen een gemiddeld jaarsalaris. *Het Financieele Dagblad*. Geraadpleegd via www.fd.nl.
28 CBS Statline (2019). Inkomen rijksoverheid. Centraal Bureau voor de Statistiek. Geraadpleegd via www.cbs.nl.
29 Rijksbegroting 2020.
30 Geraadpleegd via https://dezaak.nl/751/het-btw-tarief-historisch-overzicht.htm.
31 VVD (2016, 29 april). 139 redenen waarom Mark Rutte minister-president moet blijven. Geraadpleegd via www.vvd.nl.
32 Bolhuis, W. (2019, 26 juni). Nederlandse belastingopbrengsten stegen harder dan gemiddeld in Europa. *ESB*. Geraadpleegd via www.esb.nu.

33 Algemene Rekenkamer (2016, 3 maart). Onderzoek naar zes jaar bezuinigen en lasten verzwaren. Algemene Rekenkamer. Geraadpleegd via www.rekenkamer.nl.
34 Snel, M. (2018, 15 oktober). Kamerbrief over heroverweging pakket vestigingsklimaat. Ministerie van Financiën. Geraadpleegd via www.rijksoverheid.nl.
35 Toen de afschaffing van de dividendbelasting niet doorging gebruikte het kabinet de ruimte om andere lastenverlichtingen voor het bedrijfsleven door te voeren, waaronder verlaging van de vennootschapsbelasting.
36 Mazzucato, M. (2013). *The Entrepreneurial State*. Londen: Anthem Press.
37 Algemene Rekenkamer (2019, 15 mei). Staat van de rijksverantwoording 2018. Algemene Rekenkamer. Geraadpleegd via www.rekenkamer.nl.
38 Delen van dit hoofdstuk publiceerden wij eerder in Heijne, S. & Noten, H. (2020). Nederland is geen bv. *Vrij Nederland* 2020 (1).

2 Collectieven die steden bouwen

1 De ontstaansgeschiedenis van Philips is gebaseerd op de informatie van het Philips Museum in Eindhoven.
2 Paulussen, J. (2016). *Philips, familie van ondernemers*. Zaltbommel: Kimabo.
3 Timmer, J. (2018). *Die man van Philips*. Amsterdam: Prometheus.
4 Philips (g.d.). Over ons. Geraadpleegd via www.philips.nl.
5 Timmer, J. (2018). *Die man van Philips*. Amsterdam: Prometheus.

6 Witteman, J. (2015, 21 november). Dit zijn de grootste werkgevers van Nederland. *de Volkskrant*. Geraadpleegd via www.vk.nl.
7 Bol.com (2015, 9 juli). Bol.com bouwt eigen fulfilment center in Waalwijk voor verdere groei en innovatie. Bol.com. Geraadpleegd via http://pers.bol.com.
8 UWV (2017, 12 december). Kansen in webwinkels. UWV. Geraadpleegd via www.uwv.nl.
9 Prijspeil 2018.
10 Weil, D. (2014). *The Fissured Workplace.* Boston: Harvard University Press.
11 Klein, N. (2017) *No Logo. De strijd tegen de dwang van wereldmerken.* Amsterdam: De Geus. P. 308.
12 Choudary, S.P. (2015). Platform Scale. *Platform Thinking Labs.*
13 Bergeijk, J. van (2017, 8 december). Overleven als Uberchauffeur. *de Volkskrant.* Geraadpleegd via www.volkskrant.nl.
14 Dit deden ze onder de campagne 'Zo werkt het niet!'. Meer informatie op www.zowerkthetniet.nl.
15 Noten, H. (2020, 24 maart). De coronacrisis dwingt ons het probleem van onze arbeidsmarkt onder ogen te zien. *Vrij Nederland.* Geraadpleegd via www.vn.nl.
16 Heijne, S. & Noten, H. (2020). Nederland is geen bv. *Vrij Nederland* 2020 (1).
17 Balestra, C. & Tonkin, R. (2018). Inequalities in Household Wealth Across OECD Countries: Evidence from the OECD Wealth Distribution Database. OECD Statistics Working Papers, No. 2018/01.
18 Rappaport, A. (1999). New Thinking on How to Link Executive Pay with Performance. *Harvard Business Review* 1999 (2). Geraadpleegd via www.hbr.org.

19 Mazzucato, M. (2018). *The Value of Everything*. Londen: Allen Lane.
20 Lazonick, W. (2015). Stock Buybacks: From Retain-and-Reinvest to Downsize-and-Distribute. *Brookings*. Geraadpleegd via www.brookings.edu.
21 Smit, J. (2019). *Het grote gevecht*. Amsterdam: Prometheus.
22 Boonen, A. (2017, 26 april). Onrustbarende balans: stijgende winsten en haperende investeringen. *MeJudice*. Geraadpleegd via www.mejudice.nl.
23 Foroohar, R. (2016). *Makers and Takers: The Rise of Finance and the Fall of American Business*. New York: Crown Business.
24 Langerock, J. & Hietland, M. (2019, 6 november). How The Netherlands Built One of the World's Worst Tax Havens. *Foreign Affairs*. Geraadpleegd via www.foreignaffairs.com.
25 Schwartz, K. (2018, 26 juli). Shell koopt voor 25 miljard aan eigen aandelen in om dividend op te krikken. *Trouw*. Geraadpleegd via www.trouw.nl.
26 Dekker, W. (2019, 14 maart). Beloning Shell-baas Van Beurden verdubbeld tot 20,1 miljoen euro. *de Volkskrant*. Geraadpleegd via www.vk.nl.
27 Timmer, J. (2018). *Die man van Philips*. Amsterdam: Prometheus.
28 Foroohar, R. (2016). *Makers and Takers: The Rise of Finance and the Fall of American Business*. New York: Crown Business
29 Bernstein, S. (2015). Does Going Public Affect Innovation? *Journal of Finance* 70, no. 4.
30 Mason, J.W. (2015). Disgorge the Cash: The Disconnect Between Corporate Borrowing and Investment. *Roosevelt Institute*. Geraadpleegd via www.rooseveltinstitute.org.

31 Mazzucato, M. (2018). *The Value of Everything*. Londen: Allen Lane.
32 Tucker, P. (2007, 26 april). A Perspective on Recent Monetary and Financial System Developments. Speech at the Bank of England. Geraadpleegd via www.bankofengland.co.uk.
33 Loecker, J. De & Eeckhout, J. (2018). Global Market Power. CEPR *Discussion Paper No. DP13009*. Geraadpleegd via http://ssrn.com.
34 Bruijn, W. de, Huijkelom, T. van & Metze, M. (2013). Het ministerie van Shell-zaken. *De Groene Amsterdammer*. Geraadpleegd via www.groene.nl.
35 Onderzoeksraad voor Veiligheid (2015). Aardbevingsrisico's in Groningen. Onderzoeksraad voor Veiligheid. Geraadpleegd via www.onderzoeksraad.nl.
36 Drissen, C. (2015, 4 november). ING schreef zelf wet die banken 350 mln scheelt. NRC *Handelsblad*. Geraadpleegd via www.nrc.nl.
37 Calligaris, S., Criscuolo, C. & Marcolin, L. (2018). Mark-Ups in the Digital Era. OECD *Science, Technology and Industry Working Papers*, No. 2018/10. Geraadpleegd via www.oecd.org.
38 Tepper, J. (2019). *The Myth of Capitalism*. Hoboken: Wiley.
39 Heijne, S.J. & Ploeg, J. van der (2013, 27 juni). Verenigde zzp'ers tegen PostNL. *de Volkskrant*. Geraadpleegd via www.volkskrant.nl.
40 Troost, N. (2016, april 15). Alle nieuwe pakketbezorgers PostNL krijgen vast contract. *de Volkskrant*. Geraadpleegd via www.vk.nl.
41 Heijne, S.J. (2012, 6 januari). De Mars van Respect moet schoonmakers gezicht geven. *de Volkskrant*. Geraadpleegd via www.vk.nl.

3 De hogepriester van de Nederlandse economie

1 Hengel, G. van (2008). De spanning tussen Den Uyl en de ondernemers. *Historisch Nieuwsblad* 3.
2 Wagner, G. e.a. (1976, 13 januari). Open brief van bezorgde ondernemingsleiders. NRC *Handelsblad*, p. 9.
3 Bootsma, P. & Breedveld, W. (1999). *De verbeelding aan de macht*. Den Haag: Sdu uitgevers.
4 Bleich, A. (2008). *Joop Den Uyl 1919-1987*. Amsterdam: Balans.
5 Hengel, G. van (2008). De spanning tussen Den Uyl en de ondernemers. *Historisch Nieuwsblad* 3.
6 Oudenampsen, M. (2015). Frans Rutten en het neoliberalisme. Geraadpleegd via www.merijnoudenampsen.org.
7 Haenen, M. (2001, 15 maart). Frans Rutten ziet wederkomst Jezus. NRC *Handelsblad*. Geraadpleegd via www.nrc.nl.
8 Idem.
9 Haenen, M. (2002, 13 april). Apostel bij gebrek aan beter. NRC *Handelsblad*. Geraadpleegd via www.nrc.nl.
10 Janssen, C. (2001, 14 april). Het wonder van Garabandal. *de Volkskrant*. Geraadpleegd via www.vk.nl.
11 Batenburg, J. (2002). Op weg naar het wonder – Frans Rutten. Radioreportage geraadpleegd via www.joelbatenburg.com.
12 Idem.
13 Rutten, F. (1993). *Zeven kabinetten wijzer*. Groningen: Wolters-Noordhoff. P. 24.
14 Rutenfrans, C. (1999, 3 juli). 'Simonis is net zo oppervlakkig als ik vroeger was'. *Trouw*. Geraadpleegd via www.trouw.nl.
15 Banning, C. (1997, 4 januari). ESB-artikel als alternatieve troonrede. NRC *Handelsblad*. Geraadpleegd via www.nrc.nl.
16 Rutten, F. (1974). Bij het wisselen van de wacht. *Economische Statistische Berichten* 59 (2931), pp. 4-5.

17 Rutten, F. (1987). Voortgang met de nieuwe zakelijkheid. *Economische Statistische Berichten* 72 (3587), pp. 4-10.
18 Rutten, F. (1980). Het sociaal-economische beleid staat voor een krachtproef. *Economische Statistische Berichten* 65 (3236), pp. 4-7.
19 Schouten, D.B.J. (1987). De nieuwe zakelijkheid in het economische beleid. *Economische Statistische Berichten* 72 (3592), pp. 116-121.
20 Sociaal-economische redactie (1980, 3 januari). Overheid en sociale partners voor zware krachtproef. *NRC Handelsblad,* p. 9.
21 Waard, P. de (4 mei 2019). 'Het Orakel van Den Haag': geniaal en invloedrijk topambtenaar die zichzelf verloor in waangeloof. *de Volkskrant.* Geraadpleegd via www.vk.nl.
22 Geest, L. van der (1990). Afscheid van Rutten. *Economische Statistische Berichten* 75 (3760), p. 509.
23 Rutten, F. (1977). Over herstel van de noodzakelijke prijsstabiliteit. *Economische Statistische Berichten* 62 (3085), pp. 4-6.
24 WRR (1980). Plaats en toekomst van de Nederlandse industrie. WRR. Geraadpleegd via www.wrr.nl.
25 *NRC Handelsblad* (1980, 19 juni). Onheilsboodschap, Nederlandse industrie naar dieptepunt. P. 1.
26 Velzing, E-J. (2013). *Innovatiepolitiek. Een reconstructie van het innovatiebeleid van het ministerie van Economische Zaken van 1976 tot en met 2010.* Delft: Eburon.
27 Janssen, R. (2003, 21 januari). Van der Zwan zette industriebeleid op z'n kop. *NRC Handelsblad.* Geraadpleegd via www.nrc.nl.
28 Velzing, E-J. (2013). *Innovatiepolitiek. Een reconstructie van het innovatiebeleid van het ministerie van Economische Zaken van 1976 tot en met 2010.* Delft: Eburon.

29 Oudenampsen, M. (2018). *De conservatieve revolte. Een ideeengeschiedenis van de Fortuyn-opstand.* Nijmegen: Vantilt.
30 Brender, V. (2010). Economic Transformations in Chile: The Formation of the Chicago Boys. *The American Economist*, 55 (1), pp. 111-122.
31 Adviescommissie inzake het industriebeleid (1981). Een nieuw industrieel elan.
32 Goebert, N. (2003, 10 oktober) Zakenman streed tegen sociale traagheid. *de Volkskrant.* Geraadpleegd via www.volkskrant.nl.
33 Velzing, E.-J. (2013). *Innovatiepolitiek. Een reconstructie van het innovatiebeleid van het ministerie van Economische Zaken van 1976 tot en met 2010.* Delft: Eburon. P. 66.
34 Goebert, N. (2003, 10 oktober). Zakenman streed tegen sociale traagheid. *de Volkskrant.* Geraadpleegd via www.volkskrant.nl.
35 Heertje, A. (1981). Een nieuw industrieel elan. *Economische Statistische Berichten* 66 (onbekend), p. 596.
36 Korteweg, A. & Huisman, E. (2016). *Lobbyland. De geheime krachten van Den Haag.* Amsterdam: Singel Uitgeverijen.
37 Verbond van Nederlandse Ondernemingen (1981). Jaarverslag en kroniek. In Bruggeman, J. & Camijn, A. (1999). *Ondernemers verbonden. 100 jaar centrale ondernemersorganisaties in Nederland.* Wormer: Inmerc b.v. P. 270.
38 Bruggeman, J. & Camijn, A. (1999). *Ondernemers verbonden. 100 jaar centrale ondernemersorganisaties in Nederland.* Wormer: Inmerc b.v.
39 Kranenburg, M. (2019, 6 mei). Frans Rutten predikte de vrije markt en de terugkeer van Christus. NRC *Handelsblad.* Geraadpleegd via www.nrc.nl.

40 Griensven, P. van (2009). De zure appel in tijden van economische crisis. *Jaarboek parlementaire geschiedenis 2009*, pp. 59-71.
41 Scholten, W. (1982). Brief van de kabinetsinformateur. Tweede Kamer der Staten-Generaal. Geraadpleegd via www.tweedekamer.nl.
42 Rutenfrans, C. (1999, 3 juli). 'Simonis is net zo oppervlakkig als ik vroeger was'. *Trouw*. Geraadpleegd via www.trouw.nl.
43 CBS Statline (g.d.). Historie werkstakingen. CBS. Geraadpleegd via www.opendata.cbs.nl.
44 Joustra, A. & Venetië, E. van (1989). *Ruud Lubbers. Manager in de politiek*. Amsterdam: Anthos. P. 180.
45 Idem.
46 Stichting van de Arbeid (1982). Centrale aanbevelingen inzake aspecten van een werkgelegenheidsbeleid. *StvdA*. Geraadpleegd via www.parlement.com.
47 Oudenampsen, M. (2018). *De conservatieve revolte. Een ideeëngeschiedenis van de Fortuyn-opstand*. Nijmegen: Vantilt.
48 Varoufakis, Y. (2018). *Adults in the Room*. New York: Vintage Publishing.
49 *Time* (1984, 23 januari). The Netherlands: Ruud Shock. *Time Magazine*. Geraadpleegd via http://content.time.com.
50 Bruin, G. de & Tweel, H. van den (2019). *Geheugen van de polder*. Den Haag: AWVN.
51 Bertelsmann Stiftung (1997). Carl Bertelsmann-Preis 1997 – Eigenverantwortung und Solidarität. Neue Wege in der Sozial- und Tarifpolitik. Bertelsmann Stiftung. Geraadpleegd via www.bertelsmann-stiftung.de.
52 NRC *Handelsblad* (1999, 26 april). Kok gooit 'ideetjes' op over derde weg. NRC *Handelsblad*. Geraadpleegd via www.nrc.nl.

53 Niemantsverdriet, T. (2014). *De vechtpartij. De PvdA van Kok tot Samsom.* Amsterdam: Atlas Contact.
54 *de Volkskrant* (1995, 12 december). 'Het afschudden van ideologische veren is voor een partij ook een bevrijdende ervaring' PvdA moet van Kok naar het politieke midden. *de Volkskrant.* Geraadpleegd via www.volkskrant.nl.
55 Stellinga, B. (2012). *Dertig jaar privatisering, verzelfstandiging en marktwerking.* Amsterdam: Amsterdam University Press.
56 Stichting van de Arbeid (1996). Nota Flexibiliteit en Zekerheid. Stichting van de Arbeid. Geraadpleegd via www.stvda.nl.
57 *de Volkskrant* (1998, 21 november). Kok roept op tot matiging CAO-lonen. *de Volkskrant.* Geraadpleegd via www.volkskrant.nl.
58 *Trouw* (2006, 29 april). Werkgevers sloten akkoord met Fortuyn. *Trouw.* Geraadpleegd via www.trouw.nl.
59 CPB (2019). Verzamelde bijlagen MEV 2020. Centraal Planbureau. Geraadpleegd via www.cbp.nl.
60 Algemene Rekenkamer (2016). Onderzoek naar 6 jaar bezuinigen en lasten verzwaren. Algemene Rekenkamer. Geraadpleegd via www.rekenkamer.nl.
61 Bruin, G. de & Tweel, H. van den (2019). *Geheugen van de polder.* Den Haag: AWVN. P. 85.

4 De geboorte van economische groei

1 Riel, A. van (2016). Het financieel stelsel in historisch perspectief. Wetenschappelijke Raad voor het Regeringsbeleid. Geraadpleegd via www.wrr.nl.
2 Fitzgerald, T.J. (2008). Celebrity Culture in the United States. *The Reference Shelf* 80 (1).

3 Wasman, O.B. (2019, 24 oktober). What Caused the Stock Market Crash of 1929 – And What We Still Get Wrong About It. *Time*. Geraadpleegd via www.time.com.
4 Scott Fitzgerald, F. (2018). *The Great Gatsby*. Londen: Scribner UK.
5 Hemingway, E. (1926). *The Sun Also Rises*. New York: Charles Scribner's Sons.
6 Piketty, T. (2016). *Kapitaal in de 21ste eeuw*. Amsterdam: De Bezige Bij.
7 Bruin, G. de & Tweel, H. van den (2019). *Geheugen van de polder*. Den Haag: AWVN.
8 Idem. P. 27.
9 Arbuckle, A.Q. (2016, 13 april). How the Other Half Lives. *Mashable*. Geraadpleegd via www.mashable.com.
10 Smith, J.E. (2008). *FDR*. New York: Random House.
11 Franklin Delano Roosevelt. (1941, 6 januari). The Annual Message to Congress. FDR Four Freedoms Speech. Geraadpleegd via www.roosevelt.nl.
12 BBC Radio 4 (2007, 27 juli). The White House Coup. Document. Geraadpleegd via www.bbc.co.uk.
13 Coyle, D. (2014). *GDP: A Brief But Affectionate History*. Princeton: Princeton University Press.
14 Weyl, E.G. (2007). Simon Kuznets: Cautious Empiricist of the Eastern European Jewish Diaspora. *SSRN Electronic Journal*. Geraadpleegd via http://papers.ssrn.com.
15 Mitra-Kahn, B.H. (2011). Redefining the Economy: How the 'Economy' Was Invented in 1620. (Ongepubliceerd proefschrift, City University London). P. 239.
16 Coyle, D. (2014). *GDP: A Brief But Affectionate History*. Princeton: Princeton University Press.

17 Dimsdale, N., Horsewood, N., & Riel, A. van (2006). Unemployment in Interwar Germany: An Analysis of the Labor Market, 1927-1936. *The Journal of Economic History*, 66 (3), pp. 778-808.
18 Goodwin, D. (2001, 19 december). The Way We Won: America's Economic Breakthrough During World War II. *The American Prospect*. Geraadpleegd via www.prospect.org.
19 Judt, T. (2010). *Het land is moe*. Amsterdam: Uitgeverij Contact. P. 51.
20 Keynes, J.M. (2009). *The Economic Consequences of the Peace*. Hamburg: Management Laboratory Press.
21 Skidelsky, R. (2009). *Keynes: The Return of the Master*. Londen: Allen Lane.
22 Judt, T. (2010). *Het land is moe*. Amsterdam: Uitgeverij Contact.

5 Glorieuze jaren

1 Tamminga, M. (2015, 9 mei). Hoe tegenstanders 'sociale partners' werden. NRC *Handelsblad*. Geraadpleegd via www.nrc.nl.
2 Bruin, G. de & Tweel, H. van den (2019). *Geheugen van de polder*. Den Haag: AWVN.
3 Westers, M.F. & Stikker, D.U. (1988). *Een zakenman in de politiek. Kopstukken van de VVD*. Amsterdam: Unieboek / Het Spectrum.
4 Voor informatie over de loopbaan van Dirk Stikker zie www.parlement.com.
5 Koops, E. (2010). *De dynamiek van een emigratiecultuur*. Hilversum: Uitgeverij Verloren.

6   Jonker, E., Kooijmans, L., & Rossem, M. van (1993). *Een tevreden natie. Nederland van 1945 tot nu*. Baarn: Trion.
7   Piketty, T. (2016). *Kapitaal in de 21ste eeuw*. Amsterdam: De Bezige Bij.
8   Jacobs, B., Jongen, E. & Zoutman, F. (2013). 'Meer over de top'. Centraal Planbureau. Geraadpleegd via www.cpb.nl.
9   Saez, E. & Zucman, G. (2019). *The Triumph of Injustice: How the Rich Dodge Taxes and How to Make Them Pay*. New York: W.W. Norton & Company.
10 Higgs, R. (2011, 31 mei). The Dream of the Mont Pelerin Society. MisesInstitute. Geraadpleegd via www.mises.org.
11 Voor de letterlijke Engelse tekst zie www.montpelerin.org.
12 Harvey, D. (2005). *A Brief History of Neoliberalism*. Oxford: Oxford University Press.
13 Mirowski, P. (2014). *Never Let a Good Crisis Go to Waste*. Londen: Verso.
14 Judt, T. (2010). *Het land is moe*. Amsterdam: Uitgeverij Contact.
15 City of Vienna (g.d.). History of Vienna – The Making of a Capital. Municipal and Provincial Archives of Vienna. Geraadpleegd via www.wien.gv.at.
16 Hayek, F.A. (2007). *The Road to Serfdom*. Chicago: The University of Chicago Press.
17 Farrant, A., McPhail, E. & Berger, S. (2013). Preventing the 'Abuses' of Democracy: Hayek, the 'Military Usurper' and Transitional Dictatorship in Chile? *American Journal of Economics and Sociology* 71 (3), p. 530.
18 Farrant, A., McPhail, E., Berger, S. (2013). Preventing the 'Abuses' of Democracy: Hayek, the 'Military Usurper' and

Transitional Dictatorship in Chile? *American Journal of Economics and Sociology* 71 (3).
19 Judt, T. (2010). *Het land is moe*. Amsterdam: Uitgeverij Contact. P. 108.
20 Harvey, D. (2005). *A Brief History of Neoliberalism*. Oxford: Oxford University Press. P. 21.
21 Niemantsverdriet, T. & Pleij, S. (2011, 24 september). Vrijheid boven alles. Het denken van Mark Rutte. *Vrij Nederland*. Geraadpleegd via www.vn.nl.
22 Ebenstein, L. (2015). *Chicagonomics: The Evolution of Chicago Free Market Economics*. New York: St. Martin's Press.
23 Friedman, M. (1982). *Capitalism and Freedom*. Chicago: University of Chicago Press.
24 The Fraser Institute (1996, 1 januari). Economic Freedom of the World 1975-1995. Fraser Institute. Geraadpleegd via fraserinstitute.org.
25 Friedman, M. (1982) *Capitalism and Freedom*. Chicago: University of Chicago Press.
26 Rodrik, D. (2015). *Economics Rules. The Rights and Wrongs of the Dismal Science*. New York: W.W. Norton & Company.
27 Fisman, R. (2014, 15 juli). Sweden's School Choice Disaster. *Slate*. Te raadplegen via www.slate.com.
28 Heijne, S.J. (2018). *Er zijn nog 17 miljoen wachtenden voor u*. Amsterdam: De Correspondent
29 Klein, N. (2014). *De shockdoctrine: De opkomst van rampenkapitalisme*. Amsterdam: De Geus.
30 Hyman, L. (2018). *Temp: How American Work, American Business and the American Dream Became Temporary*. New York: Viking Press.

31 Friedman, M. (1970). The Social Responsibility of Business Is to Increase Its Profits. *The New York Times Magazine.* Geraadpleegd via www.umich.edu.
32 Klein, N. (2014). *De shockdoctrine. De opkomst van rampenkapitalisme.* Amsterdam: de Geus.
33 Mayer, J. (2016). *Dark Money: The Hidden History of the Billionaires Behind the Rise of the Radical Right.* New York: Doubleday.
34 Idem.
35 Idem.
36 Pirie, M. (2012). *Think Tank: The Story of the Adam Smith Institute.* Londen: Biteback.
37 Pegg, D., Evans, R. & Lawrence, F. (2018, 1 december). Right-wing Thinktank Deletes Offer of Access to Ministers for Donors. *The Guardian.* Geraadpleegd via www.theguardian.com.
38 Friedman, M. (1982). *Capitalism and Freedom.* Chicago: University of Chicago Press, P. 6.
39 Idem.
40 Philipstopman Frans van Houten in een interview bij talkshow *Op1*, 29 maart 2020.

6 Wat is de economie?

1 Heijne, S. (2018). *Er zijn nog 17 miljoen wachtenden voor u.* Amsterdam: De Correspondent.
2 Het verwijt dat H.W. Bush in 1980 aan Ronald Reagan maakte.
3 Raworth, K. (2017). *Doughnut Economics: Seven Ways to Think Like a 21-st Century Economist.* Londen: Random House UK.

4 Backhouse, Roger E., & Medema, Steven G. (2009). Retrospectives: On the Definition of Economics. *Journal of Economic Perspectives*, 23 (1), pp. 221-233.
5 Linssen, J. (2019). *Hebzucht. Een filosofische geschiedenis van de inhaligheid*. Nijmegen: Vantilt.
6 Achterhuis, H. (2010). *De utopie van de vrije markt*. Rotterdam: Lemniscaat. P. 123.
7 Steuart, J. (1767). An Inquiry into the Principles of Political Economy. In Raworth, K. (2017). *Doughnut Economics: Seven Ways to Think Like a 21-st Century Economist*. Londen: Random House UK. Geraadpleegd via www.marxists.org.
8 Smith, A. (1776). *An Inquiry into the Nature and Causes of the Wealth of Nations*. Book 4. In Raworth, K. (2017). *Doughnut Economics: Seven Ways to Think Like a 21-st Century Economist*. Londen: Random House UK.
9 Smith, A. (2019). *De welvaart van landen. Een onderzoek naar de aard en de oorzaken van de welvaart van landen*. Amsterdam: Boom. P. 405.
10 FT (2010, 24 september). How 'Wall Street' Changed Wall Street. *Financial Times*. Geraadpleegd via: www.ft.com.
11 *The New York Times* (1988, 20 januari). Ban Greed? No: Harness It. Geraadpleegd via: www.nytimes.com.
12 Linssen, J. (2019). *Hebzucht. Een filosofische geschiedenis van de inhaligheid*. Nijmegen: Vantilt.
13 Smith, A. (1937). In Achterhuis, H. (2010). *De utopie van de vrije markt*. P. 181.
14 Norman, J. (2019). *Adam Smith: What He Thought and Why It Matters*. Londen: Penguin Books Ltd.
15 Idem.

16 Smith, A. (2019). *De welvaart van landen. Een onderzoek naar de aard en de oorzaken van de welvaart van landen.* Amsterdam: Boom. P. 184.
17 Kennedy G. (2008). *Adam Smith. A very violent attack.* In Great Thinkers in Economics Series. Londen: Palgrave Macmillan.
18 Sagar, P. (2018, 16 januari). *The Real Adam Smith.* AEON. Geraadpleegd via www.aeon.co.
19 Norman, J. (2019). *Adam Smith: What He Thought and Why It Matters.* Londen: Penguin Books Ltd.
20 Nelson, J.A. (2018). *Economics for Humans.* Chicago: The University of Chicago Press.
21 Robbins, L. (1932). *Essay on the Nature and Significance of Economic Science.* Londen: Macmillan & Company. Geraadpleegd via www.mises.org.
22 Mankiw, G. (2012). *Principles of Economics.* Sixth edition. Nashville: Southwestern.
23 Nelson, J.A. (2018). *Economics for Humans.* Chicago: The University of Chicago Press.
24 Robson, J. & Stillinger, J. (1996). *Collected Works of John Stuart Mill: Autobiography and Essays.* Oxon: Routledge.

7 Voorbij fantoomgroei

1 Coyle, D. (2014). GDP: *A Brief But Affectionate History.* Princeton: Princeton University Press.
2 Oude Elferink, E. (2017, 16 oktober). NRC checkt: 'Meer doden door vuurwapens in vs dan in alle oorlogen van VS'. *NRC Handelsblad.* Geraadpleegd via www.nrc.nl.
3 NSSF (2019). Firearms and Ammunition Industry Economic Impact Report 2019. NSSF. Geraadpleegd via www.nssf.org.

4 Kennedy, R.F. (1968, 18 maart). Remarks at the University of Kansas. Geraadpleegd via: www.jfklibrary.org.
5 Bulow, J. (1986). An Economic Theory of Planned Obsolescence. *The Quarterly Journal of Economics* 101 (4), pp. 729-749.
6 Assa, J. (2016). *The Financialization of GDP: Implications for Economic Theory and Practice*. Abingdon-on-Thames: Taylor & Francis.
7 Mazzucato, M. (2018). *The Value of Everything*. Londen: Allen Lane.
8 Colangelo, A. & Inklaar, R. (2010). Banking Sector Output in the Euro Area: A Modified Aproach. *ECB Working Paper*. Geraadpleegd via www.ecb.europa.eu.
9 Di Leo, L. (2010, 15 juni). Oil Spill May End Up Lifting GDP Slightly. *Wall Street Journal*. Geraadpleegd via http://blogs.wsj.com.
10 Grantham, J. (2011). Time to Wake Up: Days of Abundant Resources and Falling Prices Are Over Forever. *The Oil Drum*. Geraadpleegd via www.theoildrum.com.
11 Smil, V. (2019). *Growth: From Microorganisms to Megacities*. Cambridge: The MIT Press.
12 Diaz, D. e.a. (2019). Pervasive Human-Driven Decline of Life on Earth Points to the Need for Transformative Change. *Science* Vol. 366, Issue 6471.
13 Inglehart, R., Foa, R., Peterson, C., & Welzel, C. (2008). Development, Freedom, and Rising Happiness: A Global Perspective (1981-2007). *Perspectives on Psychological Science*, 3 (4), pp. 264-285.
14 O'Leary, N. (2019, 16 december). When Will the Netherlands Disappear? *Politico*. Geraadpleegd via www.politico.eu.

15 Aalders, R., Hardeman, S. & Raspe, O. (2019, 20 juni). Brede welvaart pas na tien jaar boven niveau van voor de economische crisis. Geraadpleegd via http://economie.rabobank.com.
16 CBS (2019, 15 mei). Monitor Brede Welvaart & SDG's 2019. Centraal Bureau voor de Statistiek. Geraadpleegd via www.cbs.nl.
17 McCarthy, J. (2019, 25 september). Jacinda Ardern Says Economic Growth is Pointless if People Aren't Thriving. *Global Citizen*. Geraadpleegd via www.globalcitizen.org.

8 Een nieuw verhaal

1 CDP (2017). The Carbon Majors Database: CDP Carbon Majors Report 2017. CDP. Geraadpleegd via www.cdb.net.
2 House of Commons Library (2018). Inequality in the UK. Geraadpleegd via http://researchbriefings.parliament.uk.
3 Leopold, L. (2007). *The Man Who Hated Work and Loved Labor: The Life and Times of Tony Mazzocchi*. New York: Chelsea Green Publishing.
4 Bellamy Foster, J. (2019, 22 juni). Ecosocialism and a Just Transition. *MROnline*. Geraadpleegd via www.mronline.org.
5 Idem.
6 Zie voor meer informatie: https://www.ituc-csi.org/just-transition-centre?lang=en.
7 OECD (2015, 3 november). The Economic Consequences of Climate Change. OECD. Geraadpleegd via www.oecd.org.
8 Kapoor, S. e.a. (2011). Funding the Green New Deal: Building a Green Financial System. The Green European Foundation. Geraadpleegd via www.gef.eu.
9 OECD (2019). Beyond Growth: Towards a New Economic Approach. OECD. Geraadpleegd via www.oecd.org.

10 Raethzel, N. & Uzzell D. (2011). Trade Unions and Climate Change: The Jobs versus Environment Dilemma. *Global Environmental Change* 21 (4), pp. 1215-1223.
11 Fraser, N. (2005). Reframing Justice in a Globalizing World. *New Left Review* 36, pp. 69-88; Hopwood, B., Mellor, M., & O'Brien, G. (2005). Sustainable Development: Mapping Different Approaches. *Sustainable Development* 13, pp. 38-52; Felli, R. & Stevis, D. (2015). Global Labour Unions and Just Transition to a Green Economy. *International Environmental Agreements: Politics, Law and Economics* 15, pp. 29-43.
12 Sweeney, S. & Treat, J. (2018). Trade Unions and Just Transition: The Search for a Transformative Politics. TUED Working Paper No. 11. Geraadpleegd via www.rosalux-nyc.org.

9 Pioniers van een nieuw verhaal

1 Lewis, D. (2017, 23 februari). Energy Positive: How Denmark's Samsø Island Switched To Zero Carbon. *The Guardian*. Geraadpleegd via www.theguardian.com.
2 Het is relevant te benoemen dat onderzoek aantoont dat het aantal duurzame energiecoöperaties in Nederland sterk groeit, in 2018 namelijk met 20 procent, naar een totaal van 484.
3 Foresight Climate & Energy (2019, 28 maart). Lessons From an Island Go Around the World. Foresight Climate & Energy. Geraadpleegd via www.medium.com.
4 Moskowitz, P. (2017, 24 april). Meet the Radical Workers' Cooperative Growing in the Heart of the Deep South. *The Nation*. Te raadplegen via www.thenation.com.
5 Idem.

6   Zie voor meer informatie over Kwanzaa: www.officialkwanzaawebsite.org.
7   Akuno, K. & Nangwaya, A. (2017). *Jackson Rising: The Struggle for Economic Democracy and Black Self-Determination in Jackson*. Mississippi. Montreal: Daraja Press.
8   Linehan, M. & Tucker, V. (1983). Workers' Co-operatives Potential and Problems. Cork: Centre for Co-operative Studies UCC; Rothschild, J. (2009). Workers' Co-operatives and Social Enterprises: A Forgotten Route to Social Equity and Democracy. *American Behavioural Scientist* 52 (7), pp. 1023-1041; Restakis, J. (2010). *Humanizing the Economy Co-operatives in the Age of Capital*. Gabriola: New Society Publishers.
9   Co-operatives UK (2018, 16 juli). The Co-operative Economy. *Co-operatives UK*. Geraadpleegd via www.uk.coop.
10 Olsen, E. (2013). The Relative Survival of Workers Cooperatives and Barriers to Their Creation. *Advances in the Economic Analysis of Participatory and Labor-Managed Firms*, Vol. 14.
11 Bibby, A. (2009). *From Colleagues to Owners: Transferring Ownership to Employees*. London: The Employee Ownership Association; Erdal, D. (2011). *Beyond the Cooperation: Humanity Working*. Londen: The Bodley Head.
12 Zie, bijvoorbeeld: Birchall J. (2010). *People-Centred Businesses: Co-operatives, Mutuals and the Idea of Membership*. Hampshire: Palgrave MacMillan. P. 28.
13 CICOPA Europe (2011). In Spite of Hardships, Co-operatives in Industry and Services Remain Resilient to the Crisis and Its Consequences. Brussel: CICOPA Europe.
14 Birchall, *People-Centred Business*. P. 174.
15 Mosconi, F. (2018). Sustainable Development and the Emilian Model. *Industrial Policy and Sustainable Growth*. Pp. 127-154.

16 EURICSE (2015, 18 maart). Cooperation in Italy During the Crisis Years. EURICSE. Geraadpleegd via www.euricse.eu.
17 Mosconi, F. (2018). Sustainable Development and the Emilian Model. *Industrial Policy and Sustainable Growth*. Pp. 127-154.
18 Mosconi, F. & Mantovi, A. (2012, 6 januari). The 'Emilian Model' for the Twenty-First Century. *European Economics: Microeconomics & Industrial Organization eJournal*.
19 Corporate Europe Observatory (2019, 5 september). Über Influential? How the Gig Economy's Lobbyists Undermine Social and Workers' Rights. CEO. Geraadpleegd via www.corporateeurope.org.
20 Schneider, N. (2016, 7 september). Denver Taxi Drivers Are Turning Ubers' Disruption on Its Head. *The Nation*. Geraadpleegd via www.thenation.com.
21 Horan, H. (2019). Ubers' Path of Destruction. *American Affairs*, Vol. 3, Issue 2. Geraadpleegd via americanaffairsjournal.org.
22 Borowiak, C & Ji, M. (2019). Taxi Co-ops versus Uber: Struggles for Workplace Democracy in the Sharing Economy. *Labor and Society* 22, pp. 165-185.
23 Zirin, D. (2011, 25 januari). Those Nonprofit Packers. *The New Yorker*. Geraadpleegd via www.newyorker.com.
24 Zie bijvoorbeeld het inspirerende werk van het Commons Network: www.commonsnetwork.org.
25 Staples, W. & Linden, A. (2019, 9 mei). Giving Workers a Voice in the Boardroom Is a Compelling Corporate Governance Reform. *The Conversation*. Geraadpleegd via www.theconversation.com.
26 Pickard, J. & Hughes, L. (2019, 17 november). Labor to Push On With 'Shares for Workers' Scheme. *Financial Times*.

27 AWVN (2015). *Winst! Ondernemen tussen markt en mensen.* Den Haag: AWVN.
28 Dekker, W. (19 augustus 2019). Opmerkelijke ommezwaai bazen VS: er is meer dan winst maken alleen. *de Volkskrant.* Geraadpleegd via www.vk.nl.
29 Zie persbericht 13-07-2019 'Ondernemers in gesprek met samenleving over maatschappelijke rol' van VNO-NCW.
30 Govindarajan, V. & Srivastava, A. (2020, 30 januari). We Are Nowhere Near Stakeholder Capitalism. *Harvard Business Review.* Geraadpleegd via www.hbr.org.

Epiloog

1 Caroll, L. (2015). *De avonturen van Alice in Spiegelland.* P. 113. Haarlem: Gottmer Uitgevers Groep.